Job?

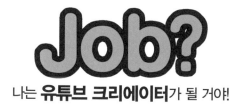

나는 **유튜브 크리에이터**가 될 거야!

Job?

나는 유튜브 크리에이터가 될 거야!

주성윤 글·그림

Special
06

국일아이

차례

직업 탐험 워크북 나는 **유튜브 크리에이터**가 될 거야!

등장인물

양수니

새로 전학 온 소심한 성격의 초등학교 6학년 여자아이다. 인형의 얼굴에 화장을 하고 머리를 꾸미고 옷을 만들어 새로운 인형을 탄생시키는 '인형 리페인팅'에 뛰어난 재능이 있다. 같은 반 친구인 시오의 권유로 인형 리페인팅하는 과정을 유튜브에 올린다. 유튜브를 하면서 성격도 밝아지고 시오와 함께 유튜브에 관해 배우며 꿈을 갖는다.

최시오

아이디어 내는 것을 좋아하고, 컴퓨터를 잘 다루는 초등학교 6학년 남자아이다. 추진력이 좋고 쾌활한 성격이다. 새로 전학 온 수니의 특별한 재능을 보고 유튜브 채널을 기획한다. 유튜브 크리에이터의 길은 순탄하지 않지만, 같은 동네에 사는 무비왕의 도움으로 위기를 극복하고 크리에이터에 관해 많은 것을 배운다.

무비왕

수니와 같은 날, 같은 동네로 이사 온 유튜브 크리에이터다. 유튜브에서 꽤 유명한 영화 채널을 운영하고 있다. 수니와 시오에게 크리에이터가 하는 일, 크리에이터에게 필요한 자질과 능력을 친절하게 가르쳐 주고 슬럼프를 잘 극복하도록 도와준다.

수니 엄마

수니와 다르게 밝고 명랑하며, 적극적이다. 드라마 마니아이며 뛰어난 음식 솜씨를 자랑한다. 처음에는 수니가 인형을 갖고 노는 것을 못마땅하게 여기지만 유튜브를 통해 수니의 재능을 보고 수니의 꿈을 응원한다.

시오 엄마

활기찬 시오와는 달리 내성적이고 소극적인 성격이다. 수니 엄마의 제안으로 제작 크리에이터에 도전한다. 시오에게 영상 편집하는 법을 배우며 숨겨진 재능을 발견한다.

꿈을 찾아가는
꿈나무를 위한 길잡이

허영만 화백이 그린 만화 《식객》이 한국 음식 문화의 품격과 철학의 깊이를 더한 '음식 문화서'라고 한다면, 《job?》 시리즈는 '바라고 꿈꾸는 것을 이루기 위해 줄기차게 노력하면 반드시 꿈은 이루어진다'는 교육 철학을 담은 직업 관련 학습 만화입니다. 어린이와 청소년들이 만화를 통해 각 분야의 직업을 이해하고, 스스로 장래 희망을 설정하는 데 도움을 주는 진로 교육서이기도 합니다.

꿈과 희망은 사람을 움직이는 가장 강력한 에너지입니다. 꿈과 희망이 있는 사람은 밝고 활기찹니다. 그리고 호기심과 열정이 가득해서 지루할 틈이 없이 부지런합니다. 특히 어린이와 청소년들에게 꿈과 희망은 삶을 긍정적으로 바라보게 하는 가장 강력한 버팀목 역할을 합니다.

어른이 되어 이루는 성공과 성취는 어린 시절부터 바랐던 꿈과 희망이 이뤄 낸 결과입니다. 링컨과 케네디, 빌 게이츠와 오바마, 이들은 어린 시절에 꾸었던 꿈과 희망을 실현하기 위해 노력한 사람들입니다. 삼성을 일류 기업으로 이끈 고(故) 이병철 회장이나 우리나라 경제 발전에 초석을 다진 현대그룹의 고(故) 정주영 회장도 어린 시절의 꿈을 실현한 대표적인 사람입니다. 꿈과 희망 안에는 미래를 변하게 하는 놀라운 능력이 숨어 있습니다. 꿈과 희망을 품고 노력하면 바라던 것이 이루어집니다.

어린이와 청소년들이 스스로 미래를 준비할 수 있도록 도움을 주고자 기획한 《job?》 시리즈는 우리 사회 각 분야의 직업을 다루고 있습니다. 어떤 분야의 직업을 갖고 사는 것이 좋으며 가치 있을지를 만화 형식을 빌려서 설명하여 이해뿐 아니라 재미까지 더하였습니다.

그동안 직업을 소개하는 책은 많았지만, 어린이 눈높이에 맞춘 직업 관련 안내서는 드물었습니다. 이 책의 차별성은 바로 여기에 있습니다. 단순히 각각의 직업이 무슨 일을 하는지를 소개하는 데 그치지 않고 사회적 측면에서 바라본 직업의 존재 이유와 작용 원리를 적절한 용어를 사용하여 어린 독자들의 이해를 돕습니다. 자칫 딱딱할 수 있는 직업 이야기를 맛깔스러운 대화와 재미있는 전개로 설명하여 효과적인 진로 안내서 역할도 합니다.

이 책이 어린이와 청소년들에게 세상의 여러 직업을 깊이 이해하고 자신의 미래를 여는 데 도움을 줄 것이라 기대합니다. 아울러 장차 세계를 이끌 주인공이 될 어린이와 청소년들이 직업과 관련해서 멋진 꿈과 희망을 얻길 바랍니다.

문용린 (서울대학교 교육학과 명예교수)

유튜브 시대를
맞이하며

주위를 둘러보면 남녀노소할 것 없이 누구나 스마트폰을 들고 있어요. 차 안은 물론 길을 걸을 때도 스마트폰에서 눈을 떼지 않고 있지요. 스마트폰으로 영상을 보는 사람이 많기 때문입니다.

예전에는 TV로 각종 프로그램을 시청했지만 지금은 전 세계 네티즌들이 올리는 수많은 동영상으로 볼거리가 넘칩니다. 동영상 콘텐츠를 공유하는 웹사이트 덕분이지요.

현재 사람들이 가장 많이 사용하는 동영상 앱은 '유튜브'랍니다. 전 세계의 많은 사람이 유튜브를 통해 자신이 원하는 정보와 재미를 얻고 있어요. 유튜브는 TV 방송과는 달리 언제 어디서나 원하는 종류의 영상을 찾을 수 있고, 관심 있는 분야의 영상만 골라서 볼 수 있어요. 콘텐츠도 다양해서 어린아이부터 나이 드신 할아버지, 할머니에 이르기까지 모든 연령대를 만족시킬 수 있어요.

그럼, 이런 유튜브 영상은 누가 만드는 걸까요? 바로 이 책에서 소개하는 '유튜브 크리에이터'들이에요!

소심한 성격이지만 인형 리페인팅에 재능이 있는 수니와, 컴퓨터를 잘 다루고 기획력이 뛰어
난 시오가 만나 유튜브 크리에이터에 도전하는 이야기가 펼쳐져요. 수니와 시오가 유튜브
영상을 만들면서 겪는 과정을 보다 보면 어느새 여러분은 크리에이터에 대해 재미있고 쉽게
배우게 됩니다. 또 크리에이터에 도전하고 싶다는 생각이 들 거예요.

여러분은 어떤 재능이 있나요?
여러분을 설레게 하는 취미는 무엇인가요?
이것만큼은 내가 최고라고 할 만한 분야가 있나요?
여러 사람과 함께 나누고, 보여주고 싶은 관심사가 있나요?
이런 것들이 있다면, 여러분은 이미 크리에이터가 될 준비가 된 거랍니다.

자! 이제 준비가 되었으면 수니, 시오와 함께 유튜브의 바다로 출발해요!

유튜브의 바다로!

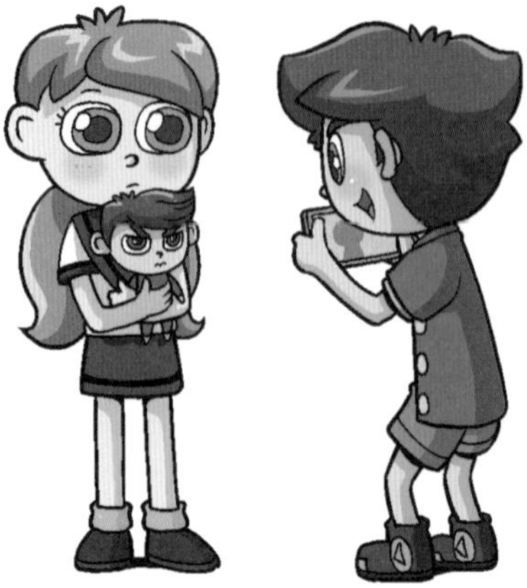

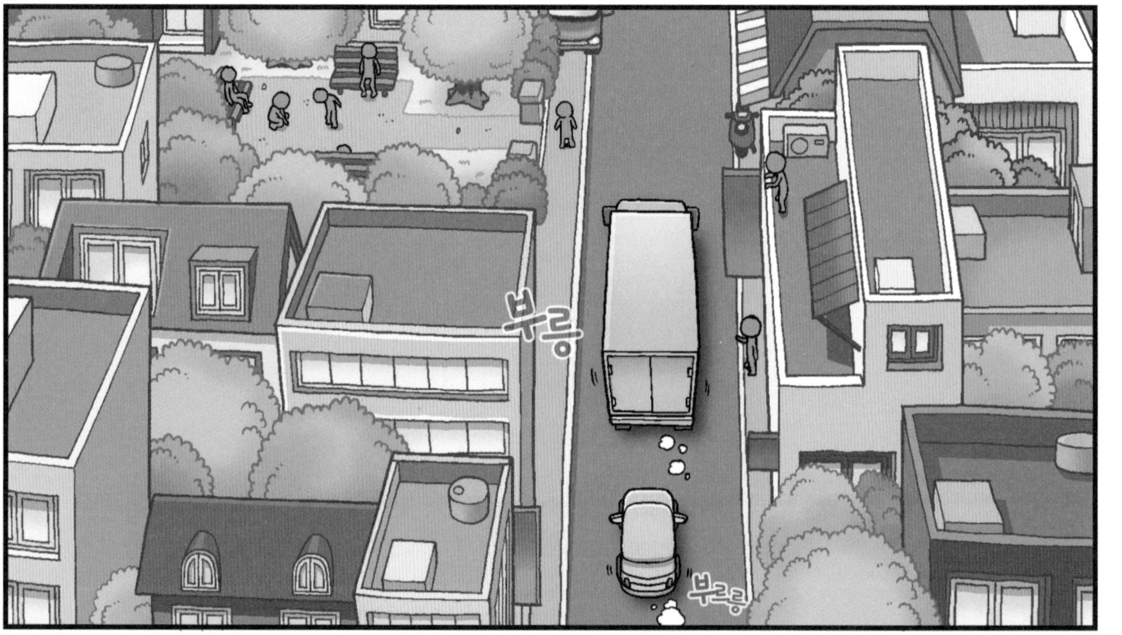
부릉
부르릉

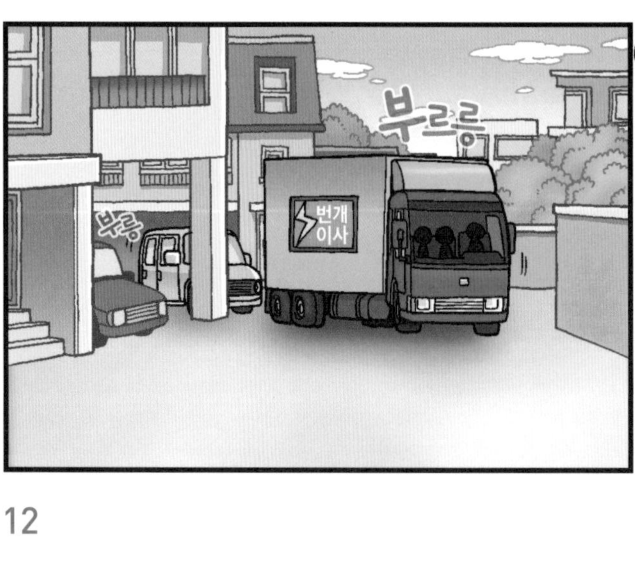
부르릉
부릉
번개 이사

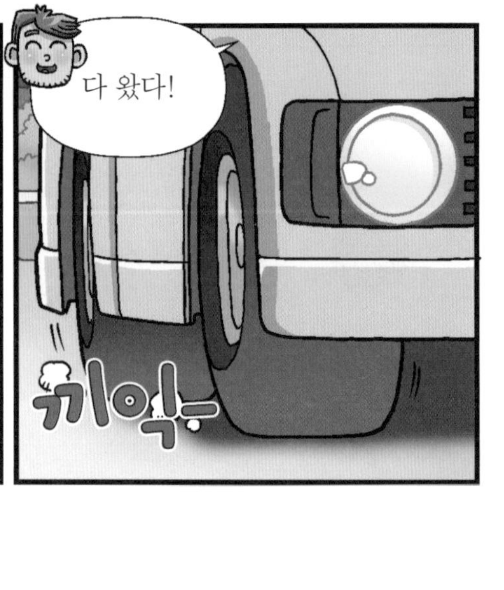
다 왔다!
끼익~

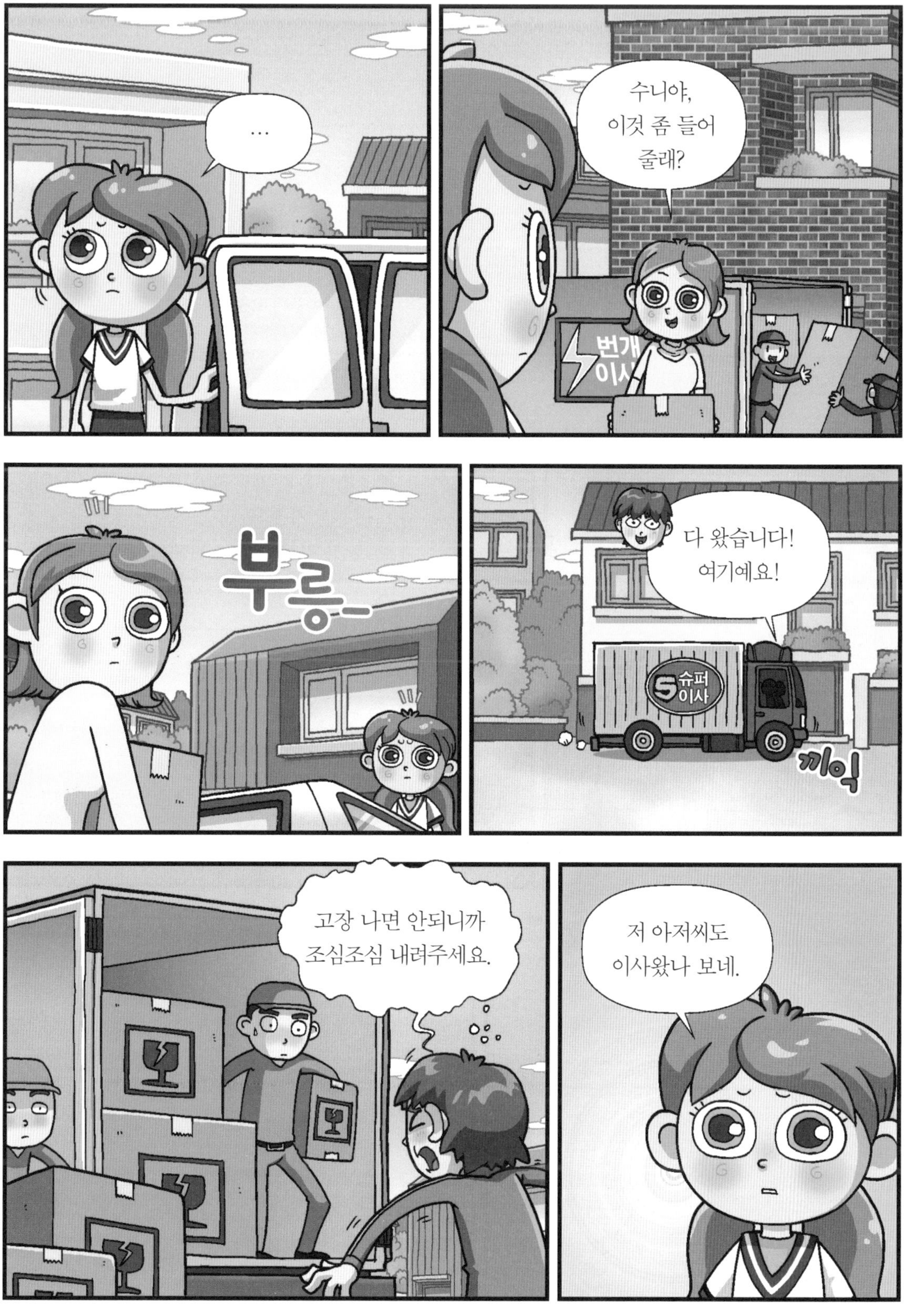
…
수니야,
이것 좀 들어
줄래?
번개 이사
부릉-
다 왔습니다!
여기예요!
슈퍼 이사
끼익
고장 나면 안되니까
조심조심 내려주세요.
저 아저씨도
이사왔나 보네.

다음날

오늘 우리 반으로 새로 전학 온 친구가 있어요.

저… 그러니까 … 저…

…

수줍음이 많은 아이구나. 수니야, 지금 말하기 어려우면 천천히 하기로 하자. 우선 저기 빈자리에 앉으렴.

네, 선생님…

쟤 봐, 아직도 인형을 가지고 노나 봐. 킥킥

그러게 말이야.

그런데 저 인형, 강다니엘 같지 않아?

응? 정말 그러네?

14

이거 강다니엘이잖아?

와

어디서 샀어?

정말 멋있다!

와

와

그, 그건 살 수 있는 인형이 아니야. 어서 돌려줘.

다들 그만 둬!

탁

새로 전학 온 친구가 적응할 수 있게 도와주지는 못할 망정, 이게 무슨 짓들이야!

뭐야, 저 녀석

어울리지 않게 왠 멋진 척이람!

자! 내가 대신 사과할게.

고, 고마워…

쳇!

그런데, 아까 그 인형, 살 수 없다는 게 무슨 말이야? 나도 사고 싶은데…

그, 그게…

에이, 그러지 말고 알려줘~

…

그 인형은 팔지 않아.

애앵?

쳇, 어디서 파는지 너만 알고 있으려고 그러는 거구나?

그, 그게 아니라… 사실은…

그래, 비밀을 털어놓으라고!

16

뭐어?!
네가 직접 만든
거라고?!

그래… 마트에서
파는 인형을 사서
내가 다시 만든 거야.

그러니까,
이 머리, 얼굴, 옷,
모두 네가 만든 거라고?

그냥 심심해서
가끔 해보는 거야.
별거 아니야…

별거 아니라니!
이건 정말
대박이라고!

뭐?

넌 정말 이 세상
최고의 황금손이야!

와아! 이런 걸 '인형 리페인팅'이라고 하는구나!

맞아.

인형의 얼굴을 새로 그리고, 머리나 의상도 바꿔서 전혀 다른 느낌의 인형을 만드는 거야.

초롱

초롱

대단하다. 도저히 초등학생 솜씨라고 생각할 수 없어.

정말?

이런 멋진 건, 전 세계 사람들에게 보여줘야 해!

응?

인형 리페인팅

인형 리페인팅이란 시중에서 파는 인형을 새롭게 꾸미고 만들어 개성을 입혀주는 것을 말해요.

인형의 얼굴에 화장을 하고, 머리와 의상을 꾸미고 만들어서 세상에 하나밖에 없는 독특한 인형을 만드는 거예요. 이렇게 만들어진 인형은 본래의 인형보다 수십 배의 가치를 지닌 명품으로 새롭게 태어나기도 해요.

요즘은 인형 리페인팅을 새로운 예술의 하나로 말하기도 합니다. 주로 유명인의 모습을 재현하기도 하고, 작가가 스스로 창작한 인물을 만들어 내기도 하지요.

나에게 좋은 생각이 있어!
네 인형을 유튜브에
올리는 거야!

유튜브?

그래!
최고의 인형 채널이
될 거야!

말도 안 돼.
채널이 엄청 많던데 사람들이
내 인형에 관심이나 있겠어?

네 인형은
정말 신기하고
재미있어.

먹방, 뷰티,
일상 브이로그, 댄스,
게임 등 채널의 종류는
엄청 다양해.

이렇게 다양한 채널이 있어도 초등학생이 인형 리페인팅하는 모습은 본 적이 없어. 너는 분명히 유명 유튜버가 될 거야.

인형 만드는 걸 본다고 하더라도 몇 명이나 보겠어?

맙소사. 너 유튜브를 보는 사람이 얼마나 많은지 모르는구나?

후

한 달 동안 유튜브에 접속하는 사람이 18억 명이 넘는다고!

한 달 동안 18억 명?

그래! 그중의 천분의 일만 네 인형에 관심을 가져도 한 달에 180만 명이 보는 거야!

2018년 11월 안드로이드 앱 기준

유튜브는 이미 네이버나 카카오톡, 페이스북의 사용시간을 넘어선 지 오래야.

카카오톡
197억 분

네이버
126억 분

페이스
39억 분

유튜브
317억 분

요즘은 채널도 점점 다양해지고 있어.

그 말은 앞으로 유튜브를 보는 사람이 점점 더 늘어난다는 뜻이지!

바로 네 인형이 유튜브 시대를 이끌어가는 주인공이 될 거야!

...

유튜브와 방탄소년단

언제 어디서든 무료로 음악을 들을 수 있는 유튜브는 케이팝의 글로벌화에 날개를 달아줬어요.
방탄소년단의 '작은 것들을 위한 시'는 뮤직비디오가 공개되고 24시간 만에 조회수 7천480만 뷰를 기록했어요. 유튜브 게시 24시간 내 최대 조회수를 기록하여 세계 1위 기록을 경신했지요. 게시 37시간 37분만에 조회수 1억 뷰를 넘기며 최단시간 1억 뷰 돌파 기록을 경신하기도 했답니다.

정말 그럴까?
내가 할 수 있을까?

당연하지!
넌 정말 굉장한 재능을
가지고 있다고!

그동안
난 특기도 없고,
실력도 없다고
생각했는데…

무슨 소리!
넌 인형 전문가잖아!
유튜브는 그런 사람들이
하는 거라고!

좋아,
한 번 해볼게!

이제 뭘 해야 해?

우, 우선…
인형 만드는 영상을
찍어야겠지?

다녀왔습니다.

이서 오럼, 학교에서 별 일 없었지?

네.

수니 표정이 밝네~

좋아.

어디 한 번 해볼까?

스윽

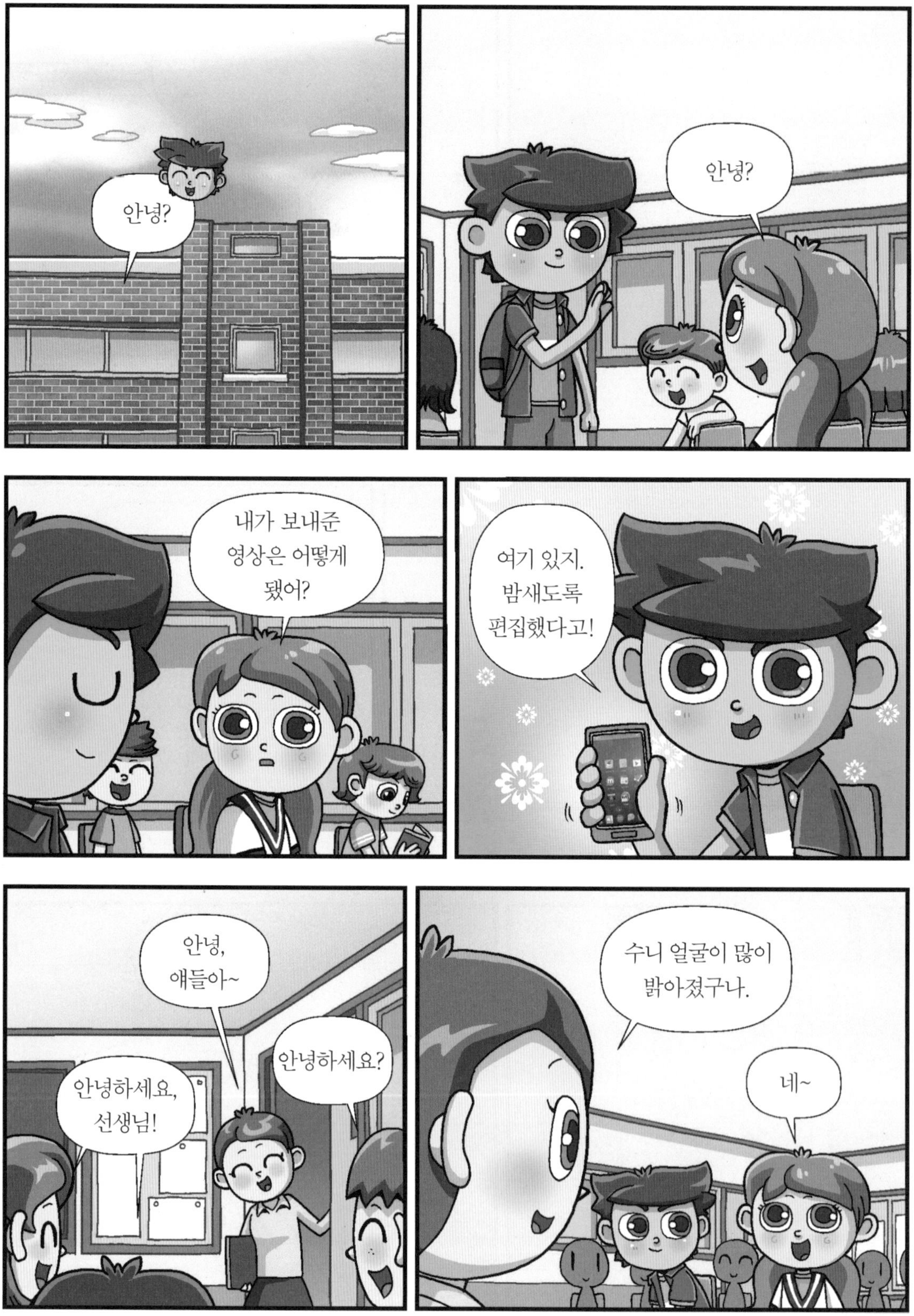
안녕?
안녕?
내가 보내준 영상은 어떻게 됐어?
여기 있지. 밤새도록 편집했다고!
안녕, 얘들아~
안녕하세요, 선생님!
안녕하세요?
수니 얼굴이 많이 밝아졌구나.
네~

자! 이제 영상을 올려볼까?

사람들이 많이 볼까?

당연하지! 이건 정말 대박 아이템이라니까?

그런데 카메라가 아니라 핸드폰으로 찍어도 괜찮은 걸까?

걱정 마. 어제 밤새도록 알아봤거든.

우리처럼 처음부터 끝까지 혼자서 만드는 영상을 1인 미디어라고 한대. 유튜브가 대표적인 1인 미디어 서비스야.

1인 미디어는 방송국과 다른 점이 많은데, 그중 가장 큰 장점은 비용이 적게 든다는 거야.

바로 이 핸드폰에 필요한 모든 것이 다 들어있거든!

유튜브 크리에이터

과거와 달리 인터넷이 빨라지고, 핸드폰의 보급이 늘어나면서 정보를 얻는 방법에 변화가 생겼어요. 예전에는 텔레비전이나 책을 통해 정보를 얻었다면, 요즘은 핸드폰이나 컴퓨터를 통해 정보를 얻죠. 특히 방송사에서 만드는 프로그램이 아닌, 개인이 혼자 기획하고 제작한 1인 미디어 영상이 사람들의 관심을 받기 시작했어요.

유튜브 크리에이터는 유튜브 영상을 만드는 제작자를 의미해요. 흔히 유튜버라고 불러요. 나이, 성별과 관계없이 누구나 시작할 수 있고, 많은 비용이 들지도 않고, 시간과 공간의 제약 없이 자유롭게 일할 수 있어 많은 관심을 받고 있어요. 자신이 좋아하는 분야의 일을 직업으로 삼아 재미있게 일할 수 있다는 것이 가장 큰 장점이에요.

유튜브 크리에이터가 얼마나 멋진 직업인데! 기발한 아이디어만 있으면 누구나 할 수 있고, 자기가 좋아하고 잘하는 것을 직업으로 삼을 수 있기 때문에 흥미롭고 재미있게 일할 수 있어.

…

아무리 멋져도 우리 엄만 절대 이해하지 못하실 거야.

지금도 인형 만지는 걸 싫어하시는데… 인형 영상 만드는 일을 하겠다고 하면 엄청 실망하실 거야.

걱정 마! 곧 달라지실 거야!

?

네 인형 영상은 곧 대박이 날 테니까!

…

두고 보라고! 내일이면 알게 될 거야!

내일 봐!

유튜브의 역사

유튜브는 전 세계 네티즌들이 올리는 동영상 콘텐츠를 공유하는 웹사이트로, 사용자가 동영상을 업로드하고 시청하며 공유할 수 있어요.

유튜브는 당신(You)과 브라운관(Tube, 텔레비전)이라는 단어의 합성어로 모든 사람이 시청자이자 제작자라는 뜻이에요.

비디오 클립, 뮤직 비디오, 학습 비디오 등과 같은 형태로 된 파일은 업로드가 가능하지만, 단순 음성 파일은 업로드할 수 없어요. 각 영상은 용량 2GB, 길이 15분 29초까지의 동영상 파일을 업로드할 수 있으며, 지침 위반이 없는 회원의 경우는 신청 및 인증을 통해 12시간 길이까지의 동영상 파일을 업로드할 수 있어요.

기존의 동영상 제공 콘텐츠가 동영상을 보는 사용자의 편의만 고려한 것에 반해, 유튜브는 동영상을 올리는 사용자에게 편의를 맞춤으로써 상당량의 동영상 데이터베이스를 축적했고, 이것이 경쟁력이 되었지요. 또한 유튜브 영상을 블로그 등에 쉽게 붙여넣을 수 있도록 하는 API가 공개되어 사용이 폭발적으로 증가하게 되었답니다.

그러면 지금부터 유튜브의 탄생 및 진행 과정을 알아볼까요?

● 2005년: 2005년 2월 페이팔(PayPal)의 직원이었던 채드 헐리(Chad Hurley), 스티브 첸(Steve Chen), 자베드 카림(Jawed Karim)이 캘리포니아 샌 브루노(San Bruno)에 유튜브 사를 설립했어요. 세 명의 창립 멤버는 친구들에게 파티 비디오를 배포하기 위해 '모두가 쉽게 비디오 영상을 공유할 수 있는 기술'을 생각해 냈고 이것이 유튜브의 시초가 되었어요. 이후 같은 해 11월부터 정식 서비스를 시작했어요.

- 2006년: 미국은 물론 세계적인 관심이 증가하자 대형 IT기업 구글이 2006년 10월에 유튜브 사를 인수했어요. 유튜브는 미국 〈타임〉지에 2006년 최고 발명품으로 꼽히기도 했답니다.
- 2007년: 세계적인 이용이 증가하자 2007년부터 국가별 현지화 서비스를 시작했어요.
- 2008년: 2008년 1월에 한국어 서비스를 시작했어요. 그리고 8월에 새로운 자막 기능(CC)을 발표했어요. 자막이 있는 동영상은 오른쪽 하단에 화살표 아이콘이 나타나고 여기에 커서를 올려놓으면 CC 아이콘이 생기는데, 이것을 클릭하면 원하는 자막과 함께 동영상을 감상할 수 있지요. 자신이 올린 비디오에 120여 개 언어로 자막을 달 수 있게 되었어요.
- 2010년 이후: 서비스 초기 유튜브 동영상을 재생하기 위해서는 어도비 플래시 플레이어 플러그인을 브라우저에 설치해야 했으나 2010년 이후 이러한 플러그인 설치가 필요 없는 HTML5 기반의 플레이어를 지원하기 시작했어요.

2015년 1월부터는 HTML5를 기본 재생 방법으로 사용하고 있어요. 그리고 광고를 시청하지 않고 유튜브의 동영상과 음악, 독점 콘텐츠를 즐길 수 있는 유튜브 레드(Red) 서비스를 발표하여 유료 서비스로도 성공을 이어가는 중이에요.

항해의 기술

다음날

안녕?

이것 봐!
드디어 네 영상을 보는
사람들이 생겼어.

정말이네!

아직은 몇 명 안되지만
곧 늘어날 거야!

그렇겠지?

내가 말했잖아,
이건 대박이라고!

일주일 후

아직 입소문이
안 나서 그럴 거야.
조금만 더 기다려 보자.

그렇겠지?

사람들이 관심이
없는 건 아니겠지?

물론이지.
우리 아이디어는
최고니까 걱정 마.

다음날

안녕…

뭔가
잘못됐을 거야.
이럴 리가 없어.

…

유튜브에 연락해볼까?
뭔가 잘못된 게 분명해…

아냐…
유튜브는
아무 문제 없어…

인형 영상이
재미없어서 아무도
안 보는 거야…

아, 아냐…
그렇지 않아.
우리 영상을 좀더 많이
올려볼까?

나
궁금한 게 있어.

나한테
왜 유튜브를
하라고 한 거야?

나 놀리려고
그런 거야?

아, 아냐! 네 인형이 진짜 대박이라서 그런 거야!

아무도 내 인형에 관심이 없어.

수니야, 어디가?

내가 괜한 짓을 했어.

아니야. 그렇지 않아.

어째서 조회수가 올라가지 않는 거야? 도대체 이유가 뭐야?

이제 어떡하지?

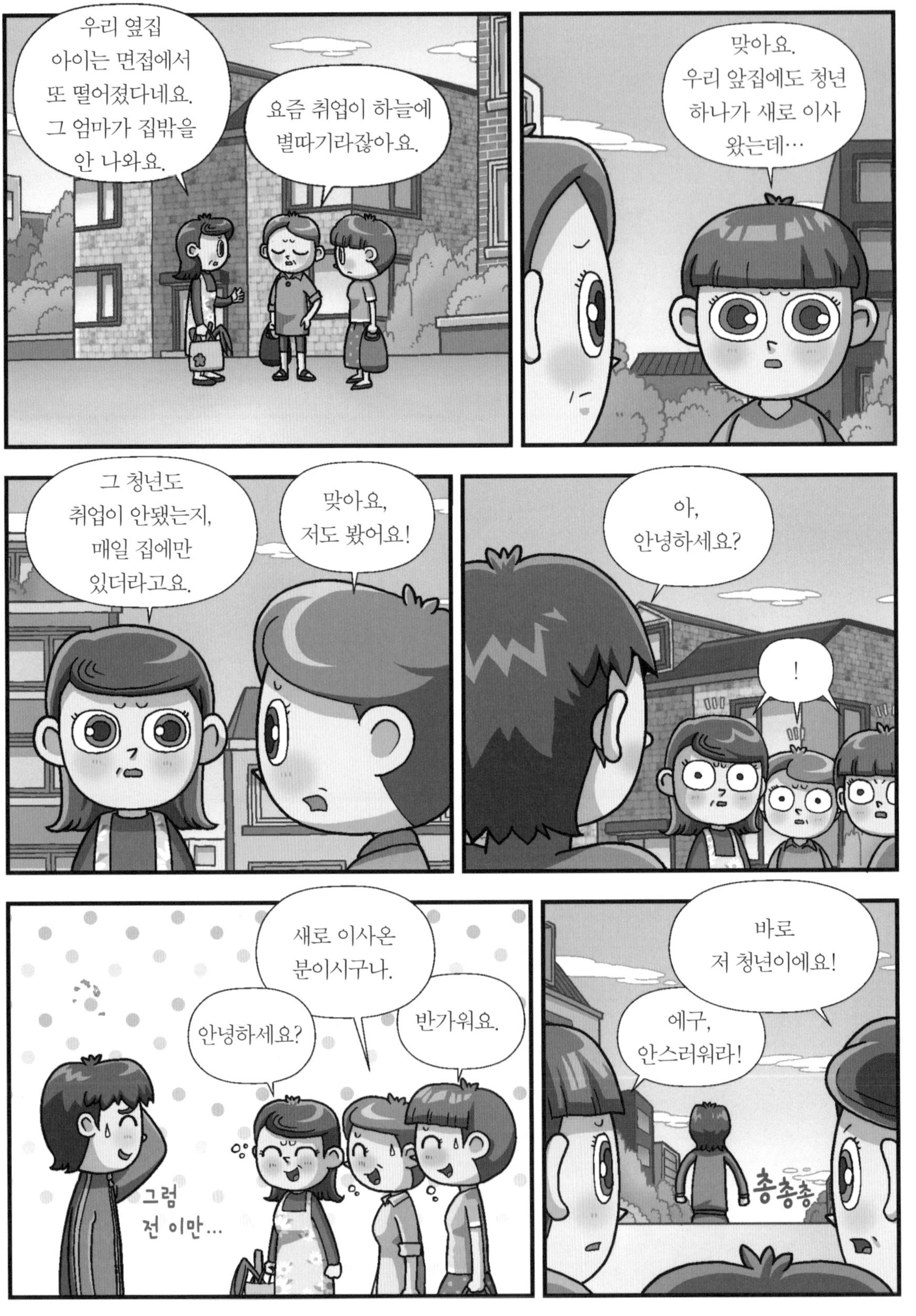
우리 옆집 아이는 면접에서 또 떨어졌다네요. 그 엄마가 집밖을 안 나와요.
요즘 취업이 하늘에 별따기라잖아요.
맞아요. 우리 앞집에도 청년 하나가 새로 이사 왔는데…
그 청년도 취업이 안됐는지, 매일 집에만 있더라고요.
맞아요, 저도 봤어요!
아, 안녕하세요?
!
새로 이사온 분이시구나.
안녕하세요?
반가워요.
그럼 전 이만…
바로 저 청년이에요!
에구, 안스러워라!
총총총

룰루…

휴…

응?

자!
무슨 일인지 모르지만
이거 먹고 힘내.

어?
아저씨는…

맞아,
너희 동네에
새로 이사온, 집에서
노는 청년.

그런데
무슨 일이길래
그렇게 땅이 꺼져라
한숨을 쉬고 있니?

휴우…

이게 다 유튜브
때문이라고요.

유튜브 영상을
민들기 시작하면서
얼굴도 밝아지고,
신나 보였는데

지금은 전보다
더 의기소침해졌어요.

다 저 때문이에요.
저 때문에 수니가…

흠…

그거라면
내가 도와줄 수
있을 것 같은데?

아저씨가
어떻게요?

너
'무비왕'이라고
알아?

저런, 어떡해?

다, 당신은!!!

크흐흐흐

응?

꿀꺽 꿀꺽

학교에서 무슨 일이 있었나? 아직도 친구를 사귀지 못했나?

이제 안할 거야. 뭐? 집앞에 있다고?

무슨 일이지?

저 잠깐만 나갔다 올게요.

그래.

난 또… 그래도 다행이네. 수니에게도 친구가 생겼나보네.

무슨 일인데 그래?

너 니하고 가볼 데가 있어!

우리를 도와주겠다는 사람이 나타났다고!

나 이제 영상 같은 거 안 만들 거야.

진짜 굉장한 사람이라니까!

관심 없어.

여긴…

맞아! 너하고 같은 날 이사온 아저씨 집이야.

어서 오렴! 인형 리페인팅의 대가!

제 영상을 보셨어요?

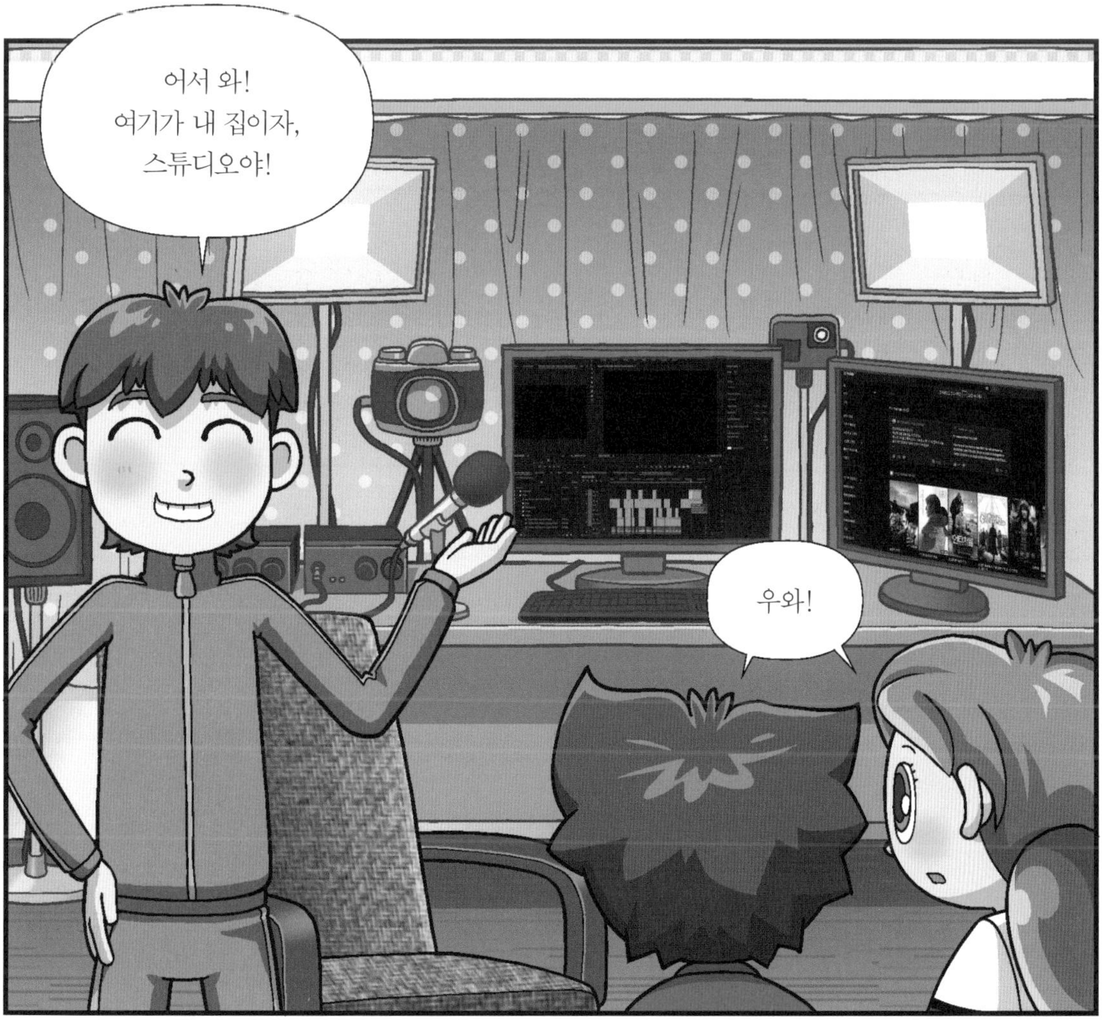
어서 와!
여기가 내 집이자,
스튜디오야!
우와!

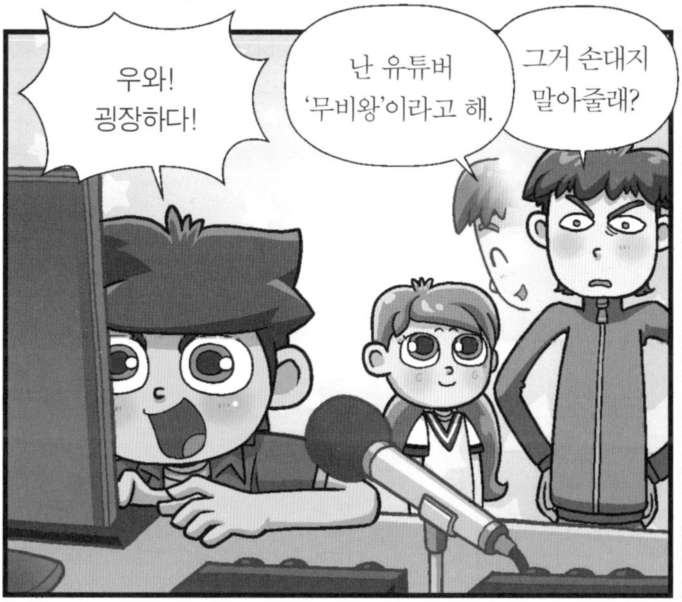
우와!
굉장하다!
난 유튜버
'무비왕'이라고 해.
그거 손대지
말아줄래?

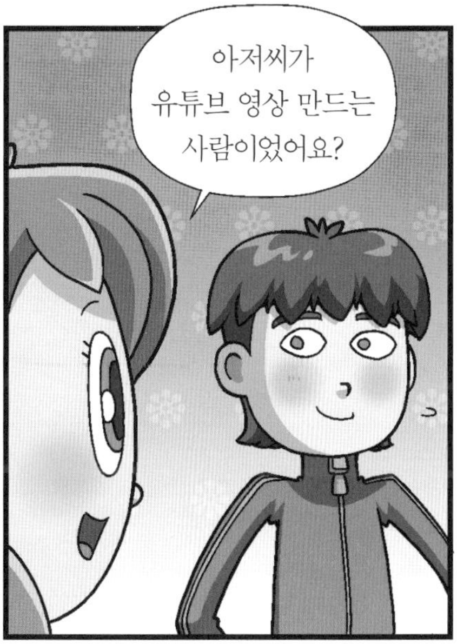
아저씨가
유튜브 영상 만드는
사람이었어요?

맞아,
기왕이면 유튜브
크리에이터라고
불러줄래?

크리에이터는
창작하는 사람이란
뜻이야.

너희들 영상봤어.
인형 리페인팅,
정말 굉장하더라!

아니에요.
사람들이 제 인형에
관심이 없어요.
조회수도 형편없고요.

그건
인형 리페인팅이
시시해서가 아니야.
너희들 영상이 너무
초보라 그런 거야.

!

그리고
조회수가 오르려면
시간이 걸려.

나도
처음엔 너희들보다
더 형편없었어.

그럼 제 영상도 사람들이
좋아하게 될까요?

물론이지!
이건 흔치 않은 내용에,
인형을 다루는 너의 실력도
대단하기 때문에 분명히 좋은
결과가 있을 거야!

다만 처음 만든
영상이다 보니 여기저기
부족한 부분이 있는데,
그건 차차 배우면서
고치면 돼.

하지만
네 안에 있는 것은
배워서 되는 것이 아니지.
그게 진짜 너의 재산이야.

인형에 대한
열정, 관심, 그리고
실력!

그런데,
너의 역할은?

전 인형 채널 기획자라고요!
제가 없었으면 이 영상도
세상에 나오지 못했을걸요.

맞아.
유튜브 영상은 기획자가
아주 중요하지.

저,
정말요?

자! 그럼 유튜브 영상이 어떻게 만들어지는지 알아볼까?

여기 있는 것의 사용법을 배우는 건가요?

그것도 중요하지만, 우선 유튜브 영상이 어떤 과정을 거쳐 만들어지는지 알아야겠지?

유튜브는 물론, 아프리카TV, 네이버, 카카오 등에 개인이 만들어 올린 영상을 1인 미디어 콘텐츠라고 해.

규모가 가장 크다 보니 주로 유튜브를 떠올리지만 사실 다양한 곳이 있어. 그런 곳을 1인 미디어 플랫폼이라고 해.

다양한 1인 미디어 플랫폼

지금 인터넷에는 유튜브뿐만 아니라 다양한 종류의 1인 미디어 플랫폼이 있어요.
1인 미디어 플랫폼은 크게 세 가지로 구분할 수 있어요. 첫 번째는 편집하여 완성된 영상을 보여주는 곳, 그리고 두 번째는 실시간 생방송을 보여주는 곳, 마지막 세 번째는 완성된 영상과 생방송 모두를 보여주는 곳이에요. 첫 번째는 VOD형이라고 하고, 두 번째는 실시간 방송형, 세 번째는 복합형이라고 해요.

모바일앱	플랫폼 형태
유튜브	복합형
네이버TV	VOD형
아프리카TV	실시간 방송형
V라이브	복합형
트위치	실시간 방송형
카카오TV	복합형
판도라TV	복합형

자! 이제 본격적으로 제작을 시작해볼까?

기획 → 준비 {카메라, 마이크 컴퓨터, 편집엽}

업로드 ← 편집 ← 촬영

↓

마케팅

1인 미디어 콘텐츠는 주로 이런 과정으로 만들어져.

특히 기획이 아주 중요해. 좋은 콘텐츠는 좋은 기획에서 만들어지거든.

기획 → 준비

업로드 ←

제가 수니의 인형 리페인팅 실력을 알아보고 기획했어요!

그래, 수니의 특별한 실력을 찾아내는 것이 아주 중요하지!

쓰담

쓰담

하지만 그것만으론 부족해. 수니의 실력을 보여주는 방법도 기획해야 하거든.

콘텐츠 기획

관심 분야 선정

메인 기획 정하기

콘셉트 정하기

시청자 연령대 정하기

업로드 일정 정하기

세부 계획 세우기

기획이란 실제 촬영과 녹음이 시작되기 전에 미리 계획하고 준비하는 과정을 의미해요. 어떤 분야를 다룰지, 또 그 분야를 어떤 식으로 보여줄지, 영상의 길이는 어느 정도로 하고, 어떤 연령층에게 보여줘야 하는지, 닉네임은 무엇으로 정하고, 채널의 이름은 무엇으로 할지 등 모든 것을 미리 계획하는 거예요.

닉네임과 채널명 정하기

콘텐츠 제작을 위한 준비

카메라: 콘텐츠의 종류에 따라 적절한 선택이 필요해요. 될 수 있으면, 고해상도 촬영이 가능한 카메라를 선택하는 것이 좋아요.

편집용 프로그램: 촬영한 영상을 편집하기 위한 프로그램이 필요해요. 유료로 구입해야 하는 전문적인 프로그램도 있지만, 무료로 쓸 수 있는 프로그램도 많아요.

삼각대: 카메라가 흔들리지 않게 고정해요.

컴퓨터: 촬영한 영상을 편집하고, 유튜브에 올릴 컴퓨터는 영상 편집 프로그램이 작동하는 정도면 충분해요.

마이크: 선명하게 잘 들리는 음성은 매우 중요해요. 콘텐츠의 내용은 음성으로 전달되기 때문이에요.

초보자는 스마트폰이면 충분해요.

45

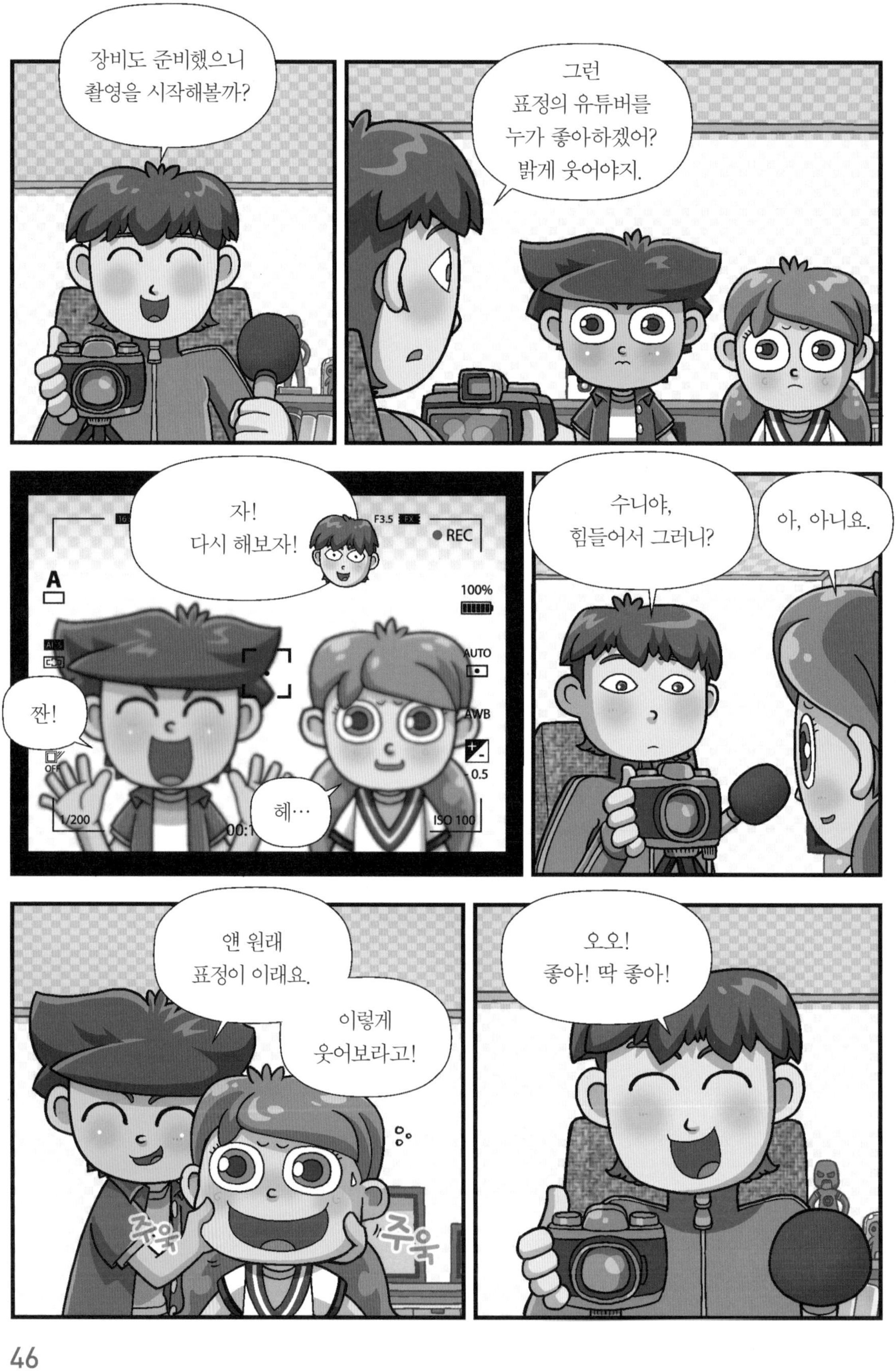

장비도 준비했으니 촬영을 시작해볼까?
그런 표정의 유튜버를 누가 좋아하겠어? 밝게 웃어야지.
자! 다시 해보자!
짠!
헤…
수니야, 힘들어서 그러니?
아, 아니요.
얜 원래 표정이 이래요.
이렇게 웃어보라고!
주욱
주욱
오오! 좋아! 딱 좋아!

촬영할 때는 목소리도 아주 중요해.

어떤가요, 제 목소리… 끝내주죠? 허허…

정반대야. 촬영할 때 음성은 조금 들뜬 것처럼 약간 톤이 높아야 해.

이건 어때요? 호홋!

촬영이 끝났으면 이제 편집을 해야 할 차례야.

너희들 영상에 있어서 가장 부족한 부분이 바로 편집이야.

편집 요령

편집은 영상의 흐름에 따라 불필요한 부분이나 실수 등을 확인하고 정리할 뿐 아니라, 크리에이터의 매력을 강조하는 역할도 해요. 편집에 도움이 되는 몇 가지 요령을 알아볼까요?

1. 전체 길이는 5분에서 10분 사이로 합니다. 너무 긴 영상은 적절하지 않아요.
2. 영상의 앞부분에 재미있는 부분을 편집합니다. 시청자를 붙잡기 위해선 초반에 흥미를 끄는 내용이 있어야 해요.
3. 같은 동작이 반복되거나, 아무 말도 없는 부분을 잘라내어 지루함을 없앱니다.
4. 자막과 배경 음악을 넣습니다. 사용하는 폰트와 음악이 무료로 사용할 수 있는 것인지 확인하는 것 잊지 마세요.

자, 이제 편집도 끝났으니 업로드를 해야겠지?

영상의 섬네일과 제목도 아주 중요해.

시청자들이 영상을 선택하는 기준이 되니까.

그렇다고 내용과 다른 과장된 섬네일이나 제목을 붙이면 안 되겠지?

맞아요! 그런 가짜 영상은 없어져야 해요!

그리고 하나 더

영상은 정해진 날짜를 지켜 꾸준히 올려야 해. 그래야 시청자들이 기대를 가지고 또 보거든.

이제 영상을 올렸으니 사람들에게 알려야겠지?

그걸 마케팅이라고 해.

유튜브 영상에는 검색어 해시태그를 붙일 수 있어. 트렌드에 맞는 검색어를 사용하면 더 많은 사람이 보겠지?

자, 이제
다 끝났다.

와아_

수니 얼굴도
많이 밝아졌네.

편집해주신 영상이
너무 마음에 들어요.
감사합니다.

너희들도
얼마든지 할 수 있어.
그저 방법을 몰랐을 뿐이잖아.

열심히 일을 해서
그런지 좀 출출한 걸?

애들아,
피자랑 치킨 어때?

좋아요,
1인 1닭에 치즈볼
추가요.

피자에
파스타 추가
해도 돼요?

그… 그래.

다녀 오겠습니다.

그래, 잘 다녀와라~

요즘 얼굴도 밝아지고 기분도 아주 좋아 보이네. 친구들이랑 잘 지내는 것 같아 다행이야.

수니야! 이번 인형은 잘 되고 있어?

그게 인형 만들기는 자신 있는데

콘셉트를 어떻게 잡는 것이 좋을지 잘 모르겠어.

너무 걱정 마! 무비왕 아저씨가 굉장한 사람들을 소개시켜 준댔어.

정말? 언제?

너무 기대돼! 빨리 만나고 싶어.

콘텐츠 제작을 위한 장비들

카메라

콘텐츠 특성에 따라 다양한 카메라를 선택할 수 있어요. 외부 마이크를 연결할 수 있고, 고화질(4K) 촬영이 가능한 카메라가 좋아요.

마이크

활동량이 많은 콘텐츠를 위해 몸에 다는 무선 핀 마이크를 선택하거나 ASMR을 위한 입체음향 녹음용 마이크를 선택하는 등 만들고자 하는 콘텐츠의 특성에 따라 다양한 마이크를 선택할 수 있어요.

  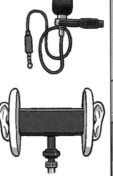

편집용 프로그램

촬영한 동영상을 편집하고 자막이나 배경 음악을 넣기 위해 필요해요.

 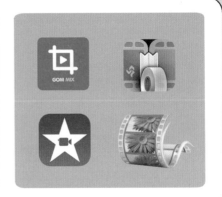

스마트폰
동영상 촬영, 녹음, 편집, 업로드 모두 가능해요. 초보자라면 스마트폰 하나만으로도 충분해요. 조명과 외부 마이크만 추가해도 훨씬 좋은 영상을 만들 수 있어요.

조명
밝고 선명한 영상을 위해 조명이 필요해요. 카메라를 업그레이드하는 것보다 조명을 설치하는 것이 더 효과적이에요.

모니터링 스피커
작업한 영상을 편집하면서 녹음된 소리를 들어보기 위해 필요한 스피커예요. 스피커가 아닌 헤드폰이나 이어폰을 사용해도 좋아요.

컴퓨터
동영상 편집용 프로그램을 사용할 수 있는 컴퓨터라면 어떠한 종류의 컴퓨터라도 다 가능해요.

요모조모 유튜브

유튜브가 세계적인 미디어 플랫폼의 하나로 자리 잡은 것은 사람들의 기본적인 욕구인 과시, 공유, 재미를 충족해 주기 때문일 거예요. 최초의 영상은 무엇인지, 어떤 채널이 제일 인기가 있는지, 특이한 채널은 무엇인지 등 유튜브에 관해 요모조모 알아볼까요?

● 세계 최초 유튜브 영상

세계 최초 유튜브 영상은 유튜브의 공동창립자 중 한 명인 자베드 카림이 2005년에 올린 'Me at the Zoo(동물원에 간 나)'라는 영상이에요. 19초짜리 분량으로 매우 짧아요. 샌디에이고 동물원의 코끼리 우리 앞에 서서 카림이 코끼리 코가 "진짜 진짜 진짜 길고 멋있다"라고 말하는 게 전부예요.

● 세계 최고 인기 채널

세계에서 구독자수가 가장 많은 채널은 스웨덴 유튜버가 운영하는 게임-코미디 채널인 'PewDiePie(퓨디파이)'예요. 게임 유튜버의 시초라고 할 수 있어요. 2013년에 이미 가장 많은 구독자를 보유한 유튜브 채널이 되었어요. 잘 알려지지 않은 다양한 인디 게임을 재미있게 플레이하면서 미국과 유럽 쪽에서 큰 인기를 끌고 있어요. 그의 구독자수는 5,600만 명 이상으로 우리나라 전체 인구보다도 많아요.

● 우리나라 최초로 조회 수 5억 회가 넘은 채널

우리나라 최초로 조회 수가 5억 회가 넘은 채널이 있어요. 기타리스트 정성하의

'jwcfree'채널이에요. 10살 때부터 기타를 쳤다는
정성하는 2006년 유튜브에 연주 동영상을 올리며
유명해지기 시작했어요. 이후 세계적인 기타리스트
들과 협연하며 실력을 입증했어요. 2010년에는 한
국인 최초로 유튜브 채널 동영상뷰 1억 건을 돌파했
답니다.

● 우리나라 최고 인기 키즈 채널

　어린이 채널 중 가장 대표적인 것이 '보람튜브'예
요. '보람튜브 브이로그' 채널에는 아빠랑 삼촌이랑
같이 노는 영상 등 보람이의 일상을 담았어요. 그리
고 '보람튜브 토이리뷰'는 보람이가 장난감을 소개하
는 장난감 리뷰 채널이에요. 구독자수가 각각 1,500
만 명을 넘을 정도로 최고의 인기를 얻고 있어요.

● 세계적으로 유명한 실버 채널

　박막례 할머니는 '코리아 그랜마(Korea Grandma)'
로 알려진 유튜버예요. 2016년 할머니가 의사로부터
'치매를 주의하라'는 진단을 받자 손녀딸이 치매 예
방을 위해서 같이 영상을 촬영하자고 제안하면서 유
튜브 활동을 시작했어요. 2019년 유튜브 CEO 수전
워치츠키가 박막례 할머니를 만나기 위해 한국을 방문할 정도로 세계적으로 유명한
유튜버랍니다.

그들이 사는 법

다녀 오겠습니다!

너 오늘 유튜브 봤어?

당연하지! 구독자가 더 늘었더라!

하하하.

댓글도 많아!

친구도 생기고, 활기차져서 좋긴한데…

공부를 너무 안하는 것 같아 걱정이네.

인형은
점점 늘어나는데…

문제집은
딱 한 장 풀었네.

아무래도
안 되겠어!

탁

뭔가
비밀이 있어요.

응?

그렇지!
잘한다.

이것은…

후훗!
제 발로 여길
들어오다니!

철컹!

다녀왔습니다!

!

힉!

스윽

벌써 시간이
이렇게 지났네.

드라마에
너무 빠져 있었어.

아, 참!

수니야!

너 요즘 공부는
뒷전인 것 같더라.

맨날 친구하고
놀러 다니고,
인형만 가지고 놀고!

인형 갖고
노는 거 아니에요.

그렇게
공부 안하면서
대학은 어떻게 갈래?

공부를 해야
의사가 되던,
판사가 되던 하지!

엄만
내가 왜 의사나
판사가 되어야
한다고 생각하세요?

그거야…

저는 의사나 판사가 되고 싶지 않아요. 저도 행복하고 다른 사람도 행복하게 하는 일을 하고 싶어요.

엄마를 행복하게 하는 사람도 의사나 판사가 아니라, 드라마를 만드는 사람이잖아요.

그, 그건…

사람들을 행복하게 하는 일은 정말 좋은 거라고 생각해요.

저도 그런 일을 하고 싶어요.

수니
말도 맞아.

하지만
무슨 직업을 갖던
일단 좋은 대학을
가야할 거 아냐?

그런데
수니가 하고
싶어하는 게 뭐지?

생각해보니
뭐가 되고 싶은지
물어본 적도 없네.

그래.
자기가 하고 싶은 일을
하는 게 중요하지.

수니가
하고 싶어하는
일이 무엇인지
알아봐야겠어!

벌떡

요즘
뭘하고
다니는지도!

무비왕 아저씨가 소개해 준다는 사람이 누굴까?

혹시 유명 유튜버?

오늘도 새로 이사온 청년을 만나러 가는군!

안녕하세요?

어서 와!

반가워!

안녕?

안녕! 난 드라마 리뷰하는 드라머라고 해.

난 뷰티 크리에이터 치크걸이야.

난 스마트폰 리뷰하는 폰폰!

난 여행지를 소개하는 기행소녀라고 해.

난 수니 엄마에요.

아,, 안녕하세요?

엄마, 여긴 어떻게 오셨어요? 그리고 이렇게 막 찾아 오시면 어떡해요?

아니야, 수니야. 엄마가 걱정하시는 게 당연하지.

좀 더 일찍 인사드렸어야 하는데 늦은거지.

여기 있는 친구들은 저하고 같은 일을 하는 유튜버들이에요.

수니와 시오의 팬이기도 하고요.

수니와 시오의 팬이라니요?

다 큰 아이가 인형을
가지고 논다고만
생각했는데…

이게 정말 우리
수니가 만든거예요?

새로 산 인형인
줄 알았어요.

그럼, 아직 수니와
시오의 영상도
못 보셨겠네요?

수니 어머니
핸드폰으로도
볼 수 있어요.

이렇게…
하시면…

아,
유튜브에…

오늘은 어렸을 때
엄마가 생일선물로 사주신
오래된 인형을 꾸며볼 거예요.

자, 이렇게
눈을 새로 그리고

그럼 이 인형이 그 때 생일선물로 줬던…

맞아요. 저처럼 더 자란 것 같죠?

세상에… 정말 그러네.

수니처럼 이 아이도 자랐구나.

수니와 시오가 만든 영상의 장점이에요. 그냥 인형만 보여주는 것이 아니라, 인형에 얽힌 이야기가 있거든요.

맞아요. 전 인형을 가지고 놀아보진 않았지만, 어린 시절 장난감에 대한 추억이 되살아 나더라고요.

전 수니의 실력을 보고 깜짝 놀랐어요. 초등학생 실력이라고는 믿어지지 않아요.

그런데 우리 아이가 유튜버가 될 수 있을까요?

그럼요!

유튜버는 누구나 될 수 있어요.

유튜버는 나이도, 성별도, 학력도 상관없어요.

그 대신 자신만의 재능과 관심사, 전문성이 필요하죠.

수니와 시오는 가장 중요한 걸 가지고 있어요.

수니에겐 리페인팅에 대한 재능, 열정, 전문성이 있고

시오에게는 기획자의 감각과 추진력, 독특한 아이디어가 있거든요.

그런데 수니는 숫기 없고 소심한 아이인데, 이런 일을 할 수 있을까요?

걱정마세요. 저도 낯을 많이 가려서 뷰티샵에서 일을 할 수 있을지 걱정할 정도였는데 지금은 이렇게 잘하고 있어요.

저도 평소에 소극적이라는 말을 많이 들었죠.

하지만 제가 좋아하는 분야에서는 누구보다도 적극적이 된답니다.

요즘 유튜버가 돈을 잘 벌 수 있다는 말을 듣고 무턱대고 뛰어들기도 하지만 그런 사람은 대부분 6개월도 안돼서 포기하더라고요.

솔직히 저도 그렇게 시작했었죠. 몇 번 그만두기도 했고요.

저희도 무턱대고 뛰어들었는 걸요.

우리도 그만두게 될까요?

그래서 우리가 여기에 모였잖아. 너희들에게 힌트를 주려고 말이야.

그중에서도 가장 중요한 몇 가지를 정리하자면!

제일 중요한 첫 번째는

재미!

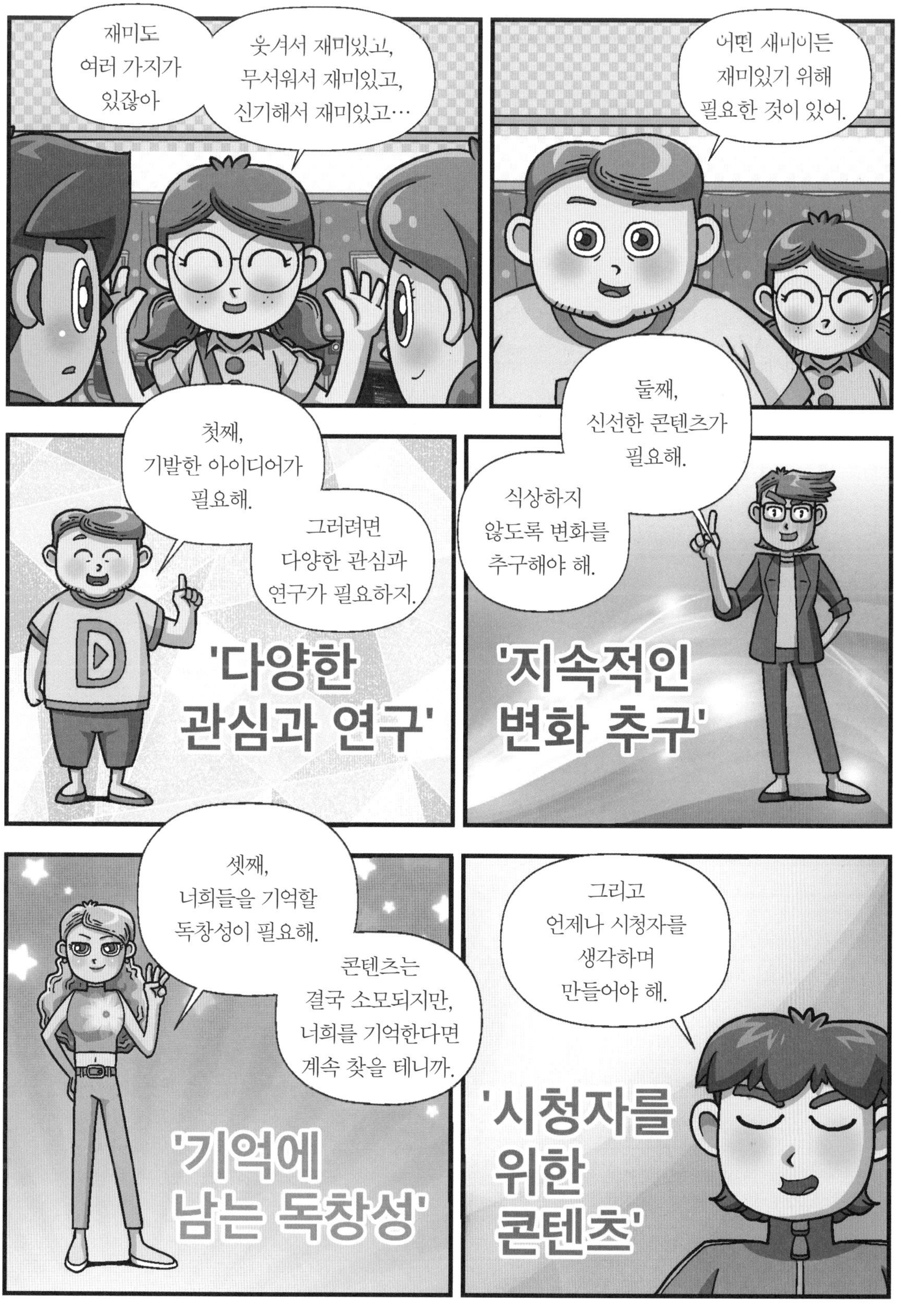
재미도 여러 가지가 있잖아
웃겨서 재미있고, 무서워서 재미있고, 신기해서 재미있고…
어떤 재미이든 재미있기 위해 필요한 것이 있어.
첫째, 기발한 아이디어가 필요해.
그러려면 다양한 관심과 연구가 필요하지.
'다양한 관심과 연구'
둘째, 신선한 콘텐츠가 필요해.
식상하지 않도록 변화를 추구해야 해.
'지속적인 변화 추구'
셋째, 너희들을 기억할 독창성이 필요해.
콘텐츠는 결국 소모되지만, 너희를 기억한다면 계속 찾을 테니까.
'기억에 남는 독창성'
그리고 언제나 시청자를 생각하며 만들어야 해.
'시청자를 위한 콘텐츠'

제가 기획을 해보니, 아이디어를 얻는 게 어렵더라고요.

아이디어를 얻는 좋은 방법 좀 알려주세요~

하하하

다들 조금씩 다르겠지만, 제일 중요한 것은 주위의 모든 것에 관심을 가지는 자세야.

맞아. 주위에서 일어나는 일, 친구들과의 대화, 음악이나 영화 등 모든 것에서 아이디어를 얻을 수 있어.

너희가 아이디어를 얻는 최고의 방법은 학교 생활을 열심히 하는 거지!

잘 들어두렴. 정말 좋은 말씀이구나!

유튜브 크리에이터가 되려면

자신의 콘텐츠를 보여주거나, 생방송을 진행하려면 말을 잘하거나, 타고난 끼가 필요할지도 모릅니다. 그런데 크리에이터 중에는 소심하거나 사람과의 소통에 익숙하지 않은 이들도 많아요. 하지만 모두 공통적으로 가지고 있는 것이 있어요. 바로, 사람들에게 보여주고 싶은 자신의 관심사, 뛰어난 재능, 깊이 빠져든 취미 등이죠. 크리에이터들은 자신의 분야에서만큼은 누구보다도 많은 이야기가 있고, 보여주고 싶은 것도 많고, 지치지 않는 열정이 있어요. 게임을 좋아한다면 밤새 게임을 해도 지치지 않는 것처럼요. 좋아하기 때문에 누구보다도 열심히 할 수 있고, 끈기 있게 계속할 수 있는 거예요. 크리에이터의 인기나 수입만을 바라보고 시작한다면 오래 하기 어려운 일입니다.

크리에이터를 꿈꾸고 있다면, 우선 나에게 열정을 가지고 노력할만한 관심사가 있는지, 또 재능이나 취미가 있는지부터 생각해봐야 해요.

아, 참!
내 정신 좀 봐!

이걸 가져 왔는데
깜빡 잊고 있었네요.

제가
만든 것인데
조금씩 드셔 보세요.

우와!
맛있겠다.

우리 엄마
특기 나왔네.

짱!!

너무 예뻐요!

맛이
있을지 모르겠어요.
그래도 건강에 좋은
것이니 맛있게
드세요.

유튜브
크리에이터는
평소 어떻게
생활하나요?

직장에
다니는 사람들과는
다를 것 같은데요.

많이 다르죠.
우선 우리는 일하는
시간과 공간이
자유로워요.

그렇디고
아무렇게나 산다는
의미는 아니에요.

맞아요.
각자의 취향에 맞는
시간과 장소에서 일한다는
의미예요.

그래야
더 집중하고,
더 열심히 할 수
있거든요.

자유로울수록
자기 관리가 더 철저해야 해요.
잘못하면 나태해질 수도
있거든요.

그 대사가
생각나네.

내가
노는 걸로 보이냐?
보이는 게 다는 아니야.

어? 저건
드라마 '우리 엄마 최고'에
나오는 대사잖아!

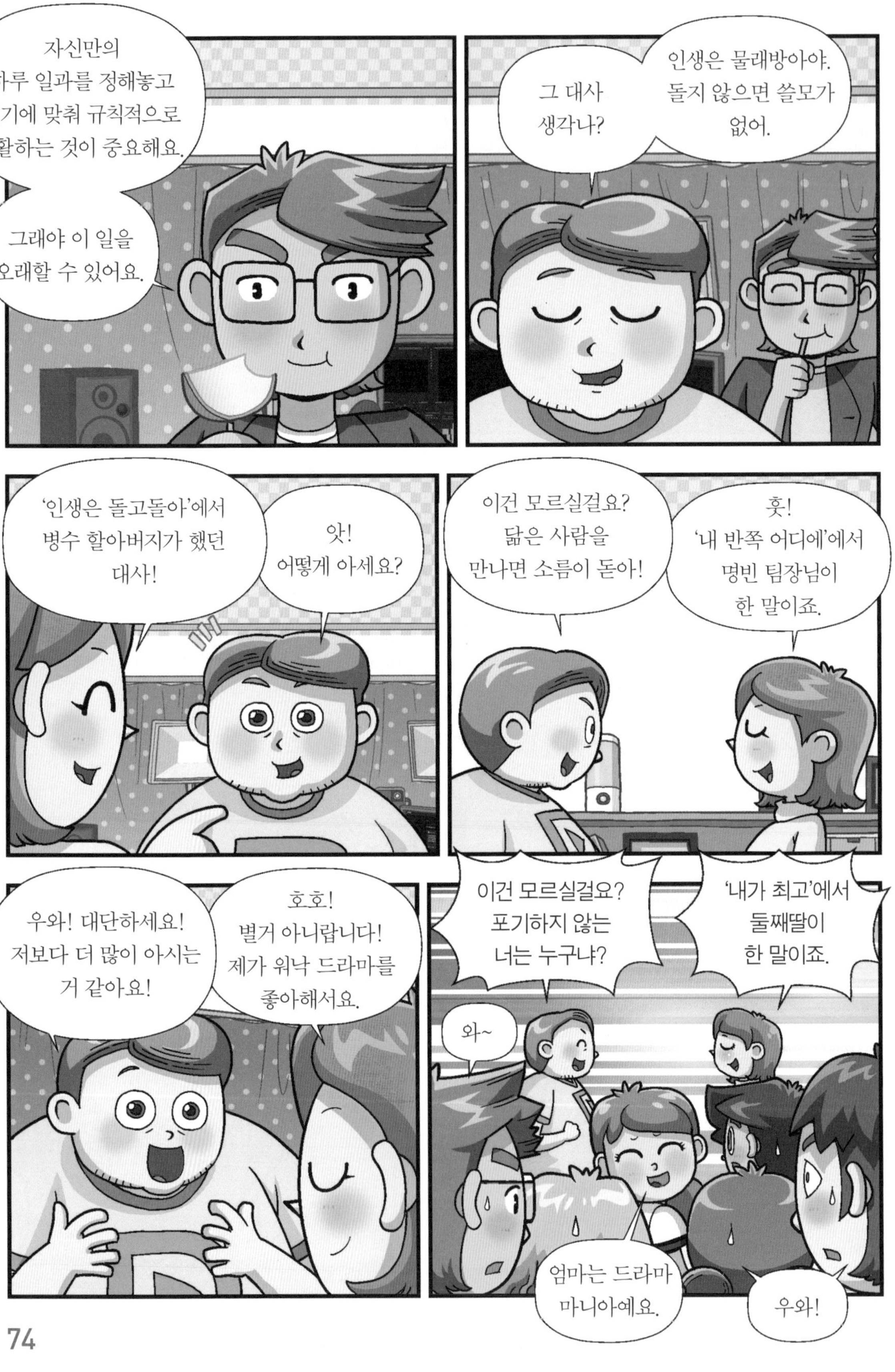

자신만의 하루 일과를 정해놓고 거기에 맞춰 규칙적으로 생활하는 것이 중요해요.
그래야 이 일을 오래할 수 있어요.
그 대사 생각나?
인생은 물래방아야. 돌지 않으면 쓸모가 없어.
'인생은 돌고돌아'에서 병수 할아버지가 했던 대사!
앗! 어떻게 아세요?
이건 모르실걸요? 닮은 사람을 만나면 소름이 돋아!
훗! '내 반쪽 어디에'에서 명빈 팀장님이 한 말이죠.
우와! 대단하세요! 저보다 더 많이 아시는 거 같아요!
호호! 별거 아니랍니다! 제가 워낙 드라마를 좋아해서요.
이건 모르실걸요? 포기하지 않는 너는 누구냐?
'내가 최고'에서 둘째딸이 한 말이죠.
와~
엄마는 드라마 마니아예요.
우와!

오늘 너무 감사했습니다.

같은 걸 좋아하는 사람을 만난다는 게 참 행복하더라.

맞아요!

우리 수니의 영상을 보는 사람들도 나처럼 행복하겠지?

엄마…

그래서 엄마도 우리 수니를 응원하기로 마음먹었어.

정말요?

공부도 열심히 해야 한다는 언니, 오빠들 이야기 기억하고 있겠지?

당연하죠! 전 초등학생 유튜버니까요!

이젠 TV보다 유튜브

우리나라 국민이 가장 많이 사용하는 동영상 앱은 무엇일까요? 바로 유튜브예요. 얼마나 많은 사람이 유튜브를 사용하는지 알아볼까요?

    2019년 5월, 앱 분석 서비스 와이즈앱이 스마트폰 사용자 표본조사를 통해 한국 모바일 동영상 앱의 사용 시간 점유율을 분석한 결과, 1위는 '유튜브'로 3,272만 명이 총 414억 분을 이용했다고 해요. 이 시간은 구글 플레이의 동영상 플레이어·편집기로 등록된 모든 앱의 총 사용 시간인 468억 분의 88%에 해당하는 수준이에요.

    2위는 '틱톡'으로 총 11억 분을 사용해 점유율 2.4%를 차지했고, 3위는 '아프리카 TV'로 총 9억 분을 사용해 점유율 1.9%를 차지했어요.

    세대별로 살펴보면 차이가 있어요. 유튜브 외에 10대는 틱톡을, 20~30대는 아프리카TV를, 40~50대는 옥수수를 이용한 것으로 나타났어요.

    특히 50대 이상의 세대에서는 동영상 플레이어·편집기 카테고리의 전체 사용 시간 114억 분 중 107억 분을 유튜브에서 이용해 94%의 점유율로 전 세대 중에서 가장 높게 나타났어요.

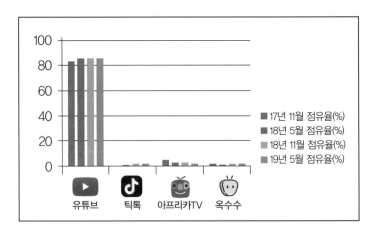

14세 미만 단독 생방송 금지

2019년 6월 구글에 따르면, 유튜브는 공식 블로그를 통해 14세 미만 아동의 단독 생방송(라이브 스트리밍)을 금지하는 미성년자 보호 정책을 발표했어요. 찬반의 목소리가 높은데 어떤 정책인지 알아볼까요?

유튜브는 "13세 미만(한국 나이 14세) 아동의 경우 보호자가 동반하는 경우에만 안전한 라이브 스트리밍이 가능하다"고 밝혔어요. 녹화방송은 아동이 단독으로 출연할 수 있지만 댓글과 추천은 제한한다고 해요.

2015년 유튜브는 13세 미만(한국 나이 14세) 어린이를 위해 '유튜브 키즈 채널'을 선보였어요. 어린이들이 각자의 관심을 탐구할 수 있는 콘텐츠와 부모의 사용제한 기능을 구성했지만 최근 관련 콘텐츠가 악용될 수 있다는 우려가 제기됐어요. 그래서 생방송 연령 제한 정책을 발표한 것이에요.

유튜브는 "현재 13세 미만 아동이 소유한 계정은 발견 즉시 삭제된다. 절차를 통해 매주 수천 개의 계정이 삭제된다"고 밝혔어요.

전문가들은 "아동 청소년을 보호하기 위한 바람직한 조치"라는 찬성 의견과 "취지에는 공감을 하지만 표현의 자유를 침해한다", "아동이라는 이유로 권리를 제약하는 것은 국제협약정신에 위배된다"는 반대 의견을 내놓고 있어요.

여러분의 생각은 어떤가요?

빛과 그림자

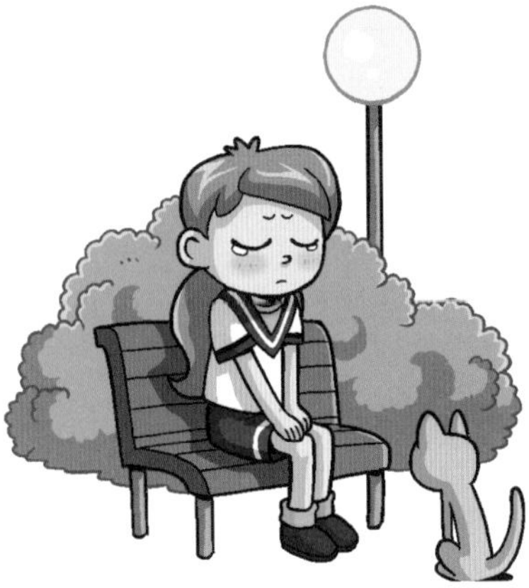

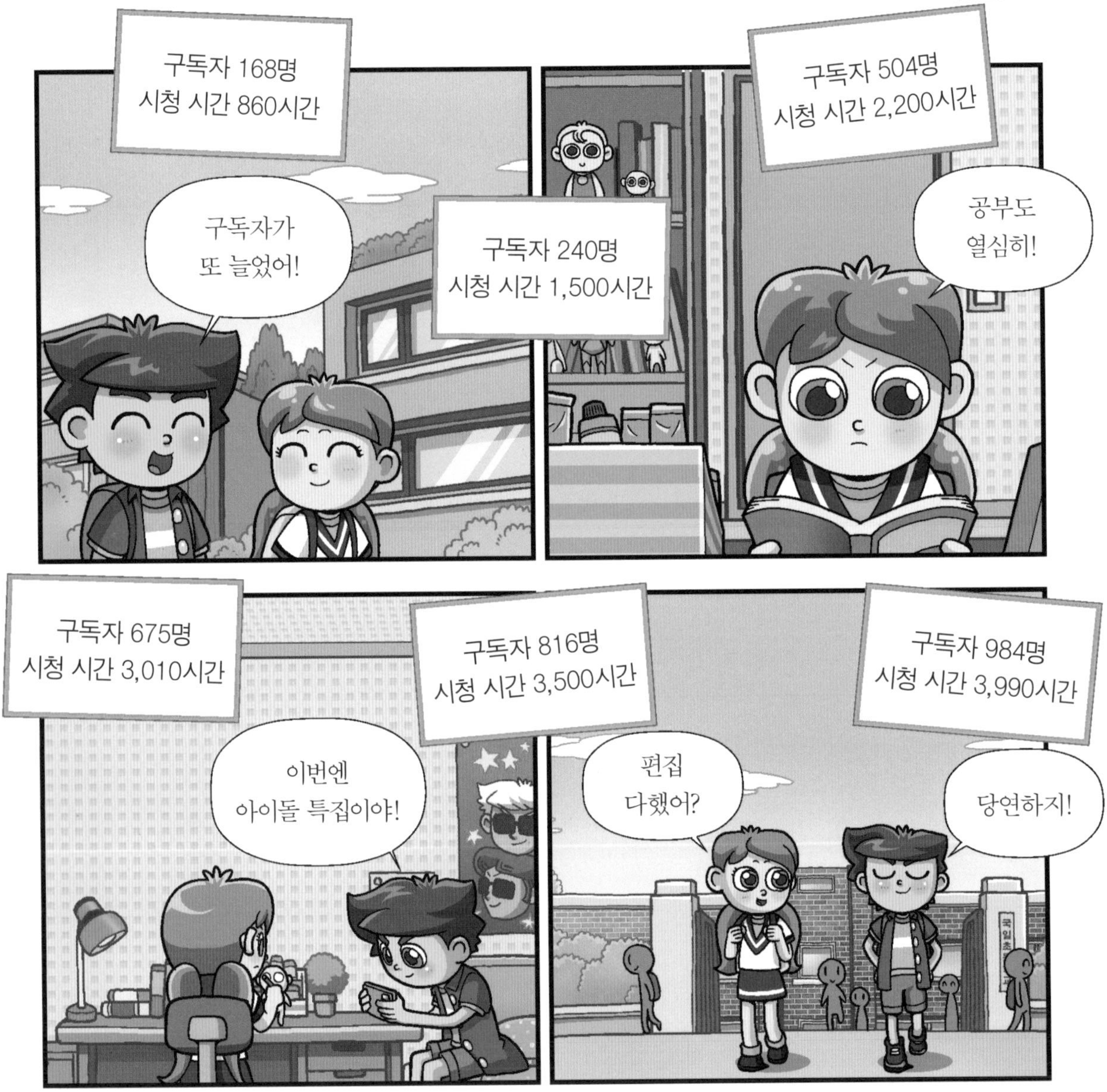
구독자 168명
시청 시간 860시간
구독자가 또 늘었어!
구독자 240명
시청 시간 1,500시간
구독자 504명
시청 시간 2,200시간
공부도 열심히!
구독자 675명
시청 시간 3,010시간
구독자 816명
시청 시간 3,500시간
이번엔 아이돌 특집이야!
구독자 984명
시청 시간 3,990시간
편집 다했어?
당연하지!

축하해! 얘들아!

축하요?

무슨 축하요?

구독자수 1000명
지난 12개월간 총 시청 시간
4000시간 돌파

너희들 채널이

광고 허가 기준을 돌파했어!

짜

잔

그게 뭐예요?

이제 너희도 유튜브로 돈을 벌 준비가 되었다는 뜻이야.

우와!

정말요?

지금 당장은 아니고…

아직 몇 단계를 더 거쳐야 해.

와!

용돈 생겼다!

너희들 유튜브 영상에서 광고 본 적 있지?

바로 그 광고가 크리에이터의 수입이 되는 거야.

그렇구나!

광고가 어떻게 돈이 되는 거예요?

광고

신제품 광고 부탁합니다.

영상에 광고 넣어줘서 고마워요.

유튜브는 광고를 부탁한 기업에게 받은 수익의 일부를 크리에이터와 나누고 있어.

그게 바로 크리에이터의 수익이 되는 거야.

너희들 채널도 구독자수가 1,000명이 넘었고, 또 전체 시청 시간도 4,000시간이 넘었기 때문에 광고 허가를 받을 수 있어.

그걸 광고 허가 기준이라고 해.

하지만 광고 허가 기준을 넘었다고 해서 아무나 광고를 허락해 주진 않아.

Youtube Partner Program

광고 허가 기준이 충족되면, 유튜브에 YPP를 신청하고 승인을 받아야 해.

그러면 유튜브는 YPP를 신청한 채널에 대해 다양한 조사를 하면서 광고에 적합한지 확인해. 확인하고 최종적으로 승인해 주면 그때부터 광고로 수익을 낼 수 있어.

시청자의 성별 - 여자

시청자의 나이 - 10~15세

시청자의 취미 - 인형

시청자의 사용기기 - 스마트폰

시청자의 사용시간 - 하루 2시간

광고 호응도 - 70%

광고 시청 시간 - 하루 25분

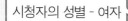

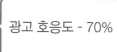

와! 이제 우리도 용돈을 벌 수 있어!

그건 안되지!

엄마 몰래 갖고 싶은 인형 실컷 살 수 있겠다!

너희는 18세 미만이기 때문에 보호자의 통장으로 입금될 거야!

아…

앵?

크리에이터들에게
돈을 나눠줄 정도로 유튜브에
광고를 많이 하나요?

그럼, 유튜브뿐만 아니라
페이스북이나 인스타그램 등 많은
SNS에 광고를 올린단다.

그만큼 유튜브를
포함한 SNS가 광고효과가
좋기 때문이야.

그래서
그런 일을 전문적으로
하는 직업도 있어.

바로 SNS 마케팅
전문가야.

그래, 앞으로
SNS를 통한 광고가
더 인기를 얻을 것이고,
이 직업도 전망이
아주 밝단다.

SNS 마케팅
전문가요?

너희들,
SNS 마케팅 전문가는
코브라와 함께 일하는
거 아니?

SNS
마케팅 전문가

코,
코브라요?

으악!

Consumer's Online
Brand Related Activities

코브라(COBRA)란 소비자의 온라인에서 상품 관련 행동 이라는 뜻이야.

난 또!

온라인에서 소비자들이 상품에 대해 어떻게 반응하고 행동하는지 분석하기 위해 만든 일종의 지침이야.

새옷 샀다.

코브라에서는 SNS에서 소비자의 행동 유형을 세 가지로 나누고 있어.

이것을 참고로 어떻게 광고해야 할지 기획하는 거야.

아하~

① 소비 행동
제품 관련 비디오 보기·오디오 듣기, 온라인 게시물 읽기, 제품 리뷰 읽기

② 게시 행동
제품 평가하기, 온라인 사용자 커뮤니티 가입하기, SNS에서 제품 관련 대화 참가하기

③ 창작 활동
제품 관련 블로그 만들기, 제품 관련 비디오· 오디오 업로드하기, 제품 사용후기 쓰기

맞아요. 저도 SNS에서 저렇게 해요.

저도요.

그래, 이제 SNS 마케팅 전문가가 코브라와 함께 일하는 이유를 알겠지?

저도 SNS 마케팅 전문가가 될 수 있을까요?

시오도 관심이 있나보구나!

시오라면 창의적이고 독특한 아이디어가 많으니까 잘할 수 있을 것 같은데?

소비자 취향 파악

분석 자료 설명

판매전략 구상

SNS 마케팅 전문가는 소비자의 취향을 파악하고, 효율적인 판매전략을 계획하고, 광고할 상품을 만드는 회사의 경영진에게 마케팅 전략을 컨펌받아 실행해.

혁신, 융통, 분석적 사고가 필요하고

창의적인 생각을 할 수 있어야 하고

마케팅 지식과 실무 경험이 있어야 하고

시장의 미래를 예측하는 통찰력과 판단력이 필요하고

그러려면 책임감이 있어야 하고,

분석 자료를 설명하고 설득할 수 있는 능력도 필요해.

아무래도 전 기획자가 더 적성에 맞는 거 같아요.

자~ 새로운 기획을 하러 가볼까?

아! 불쌍해!

어쩌다가 저런 사고를 당해서!

응?

안녕하세요? 귀하의 채널을 보고 연락드립니다.

이게 뭐지?

엄마, 이상한 메일이 왔어요.

이상한 메일?

이번에 저희 회사에서 신제품 인형을 출시하게 되었습니다.

저희는 귀하의 …

수니야, 이건 인형 만드는 회사에서 온 메일이야!

아저씨, 이것 좀 봐주세요.

엄마가 아저씨에게 자세히 물어보라고 하셨어요.

와~ 대단한데?

너희 채널이 잘될 거라고 생각은 했지만, 이렇게 빨리 성장할 줄은 몰랐어!

?

이 메일은 인형 회사의 신제품을 너희 채널에서 PPL하고 싶다는 메일이야!

PPL이요?

이 사이다를 마시니 속이 뻥 뚫리는 것 같군!

너희들 드라마나 영화에서 사람들이 뭘 먹거나 가방을 들거나 하는 것 본 적 있지?

네! 봤어요!

그렇게 방송 중에 제품을 드러내서 간접광고하는 것을 PPL이라고 해.

수박상품 PPL

메일을 보낸 회사는 수니가 자기 회사의 인형으로 리페인팅을 하길 바라는 거야.

인형 PPL이지!

아! 그러면 우리 시청자들이 그 인형을 사고 싶어지니까요?

바로 그거야!

짝!

그리고 브렌디드 콘텐츠라는 광고도 있어.

가장 높은 수익을 내지만, 가장 어렵기도 하지!

이런 광고를 기획해 주세요.

광고의 기획부터 제작까지 모두 크리에이터에게 맡기지.

예를 들면…

물감이 떨어졌는데 엄마의 블러셔를 써볼까?

우와! 정말 예쁜 색이네!

살아있는 것 같아!

생기 넘치는 컬러 엄마 블러셔 펑!

정말 살아났어!

조금 유치하지만 알 것 같아요.

우리 채널의 느낌을 살리는 게 중요하군요.

바로 그거야!

짝!

무슨 광고든 구독자수와 조회수가 가장 중요해!

사람들이 많이 봐야 광고효과가 좋으니까~

하지만 더 중요한 것은 그 채널의 이미지야.

어떤 회사도 자신의 제품을 이미지가 나쁜 채널에서 광고하려고 하지 않거든!

가끔 구독자수나 조회수를 올리려고 자극적인 영상을 만드는 사람들도 있어.

맞아요.

가짜 영상도 있어요.

하지만 결국 채널의 이미지가 나빠지고 사람들도 외면하지. 물론 광고를 받을 수도 없고 말야.

지금 너희들처럼 순수하게 열정을 유지하는 것이 잘되는 비결이야.

유튜브 광고 유형

영상 시청 전이나 중간에 5초 건너뛰기 (Skip) 버튼과 함께 재생되는 트루뷰 인스트림, 건너뛰기(Skip)는 할 수 없지만, 재생시간이 짧은(6초) 범퍼애드, 영상 제일 상단 부분에 추천 영상으로 노출되는 트루뷰 디스커버리, 메인화면에 24시간 노출되는 마스트헤드 등이 있어요.

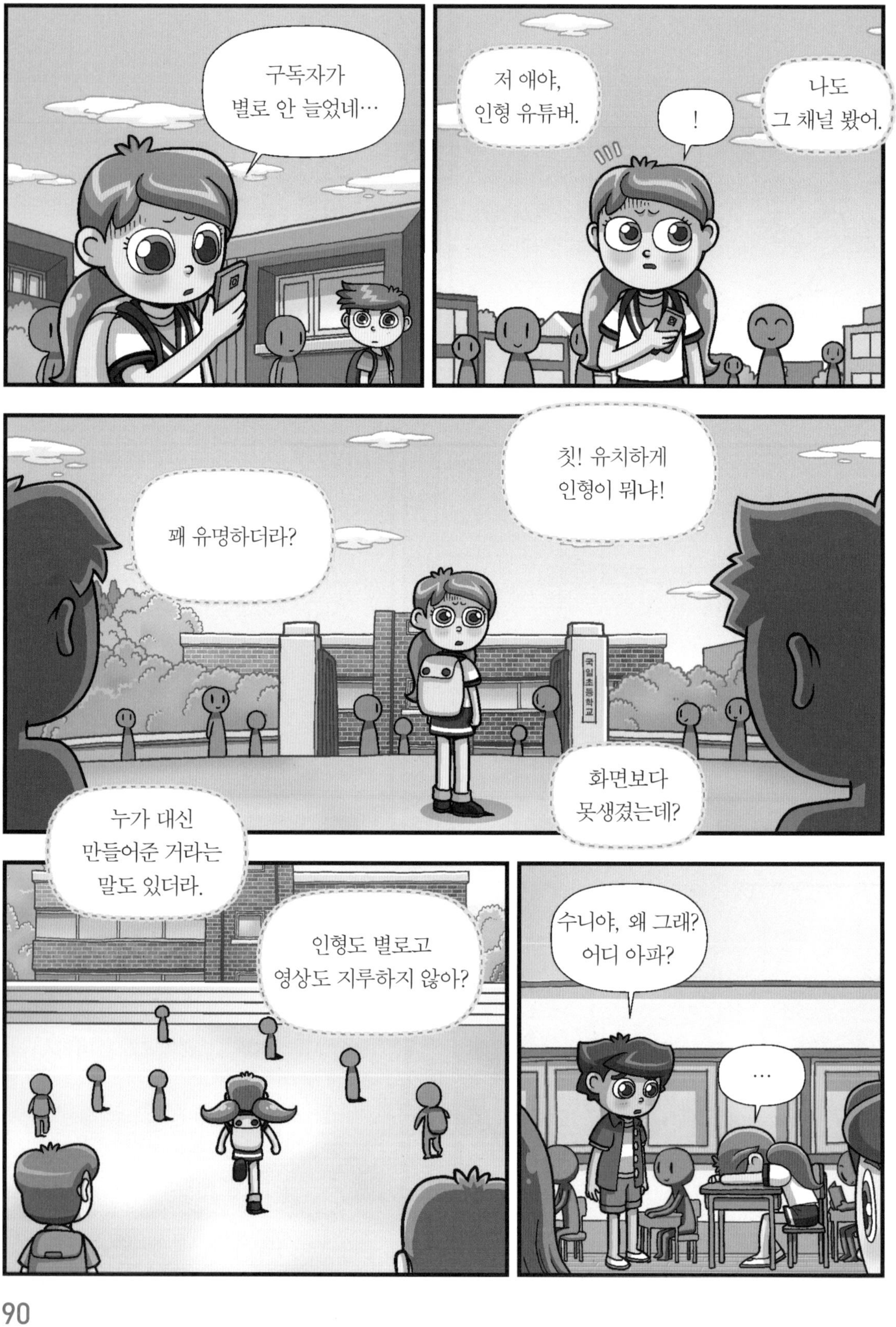
구독자가 별로 안 늘었네…
저 애야, 인형 유튜버.
!
나도 그 채널 봤어.
칫! 유치하게 인형이 뭐냐!
꽤 유명하더라?
국일초등학교
화면보다 못생겼는데?
누가 대신 만들어준 거라는 말도 있더라.
인형도 별로고 영상도 지루하지 않아?
수니야, 왜 그래? 어디 아파?
…

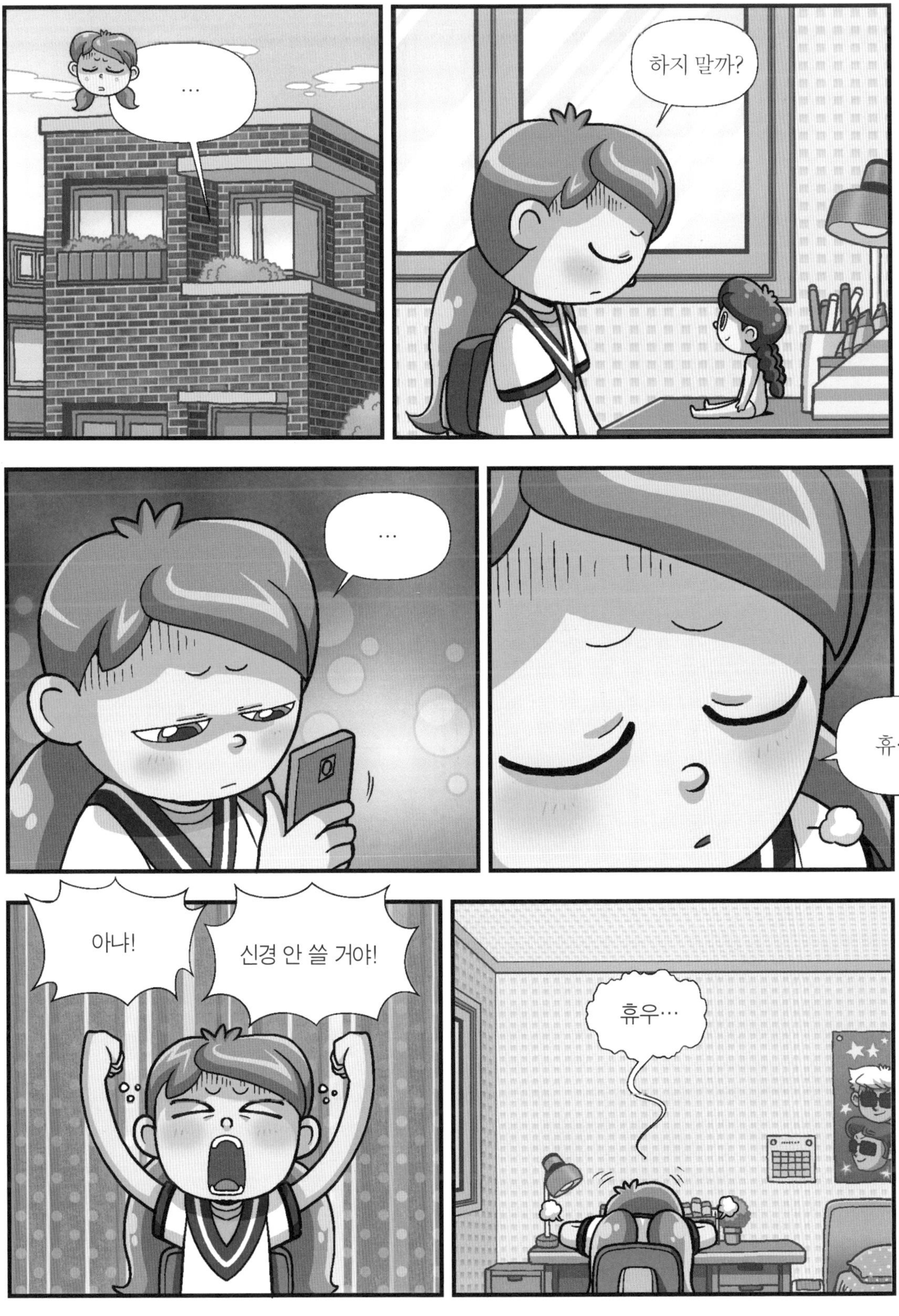
…
하지 말까?
…
휴…
아냐!
신경 안 쓸 거야!
휴우…

뭐?
아직 촬영을
못 했다고?

응. 이번에
올린 영상이 전보다
조회수가 낮아서 다른 모델을
찾다보니까…

빨리 촬영해야
편집할 수 있어!

시간이 없어!

양수니,
내 말 듣고 있어?

수니야,
왜 그래?

사람들이
재미없대…

이제 어떡해~

으앙

수, 수니야.

으앙!~ 나 너무 힘들어~

울지 마.

엉엉!

빨리 촬영하라고 짜증내서 그런가?

아무리 그래도 그렇지 어떻게 저러고 가버리냐!

쳇…

그건
너 때문이 아니야.

제가 짜증내서
운 게 아니라고요?

그래.

나도 그런 적이
있었어.

수니도 잘 견뎌야
할 텐데…

수니가 병에
걸린 건가요?

어쩌면 그럴지도 모르지,
마음의 병이랄까…

마음의 병이요?

그러고 보니,
언제부터인가 수니가
조금 달라졌어요.

하루 종일 조회수를 살피고…

어떡해…

사람들의 댓글 때문에 고민하고…

내 인형이 싫은가 봐.

댓글에 너무 신경쓰지 마.

조회수 때문에 좋아하지 않는 사람을 모델로 한 인형도 만들고…

조회수를 올려야 해!

전처럼 인형을 재미로, 좋아서 만드는 게 아니라 의무적으로 만드는 것 같아요.

빛이 있으면 그림자도 있지.

너희들이 너무 잘하고 있어서 이런 일도 생기는 거야.

…

아무리 잘 만든 영상이라도 모든 시청자를 만족시킬 수는 없어.

사람마다 취향이 다르니까 좋아하는 사람도 있고 싫어하는 사람도 있는 법이지.

와! 잘한다!

초등학생이래! 대단해!

시시해!

신기해!

별로야!

저 정도는 나도 만들겠다.

때로는 무책임하게 악플을 다는 사람들도 있지.

인형, 왜 이렇게 못생김? ㅋㅋㅋ

애들이 만든 거 아닌 듯. 사기임.

하지만 너희는 인형을 싫어하는 사람이 아니라, 좋아하는 사람을 위해 만들면 되는 거야.

그러니 악플에 너무 신경쓰지 말고 인형을 좋아하는 사람들 생각만 하라고!

네~

댓글 관리

댓글은 크리에이터와 시청자가 소통하는 방법이에요. 동영상 밑에 댓글란이 있어 시청자는 그 영상과 관련하여 궁금한 점이 있으면 질문을 하기도 하고 영상을 본 소감을 남기기도 하지요. 크리에이터는 질문에 답을 하거나 감사의 마음을 표한답니다.

유튜브 크리에이터로 오래 일하려면 감정을 잘 조절할 수 있어야 해.

그런데 수니는 어떡하죠? 너무 힘들어해요.

너희가 힘을 얻을 수 있는 곳에 데려다 줄게.

병원에 가서 의사 선생님을 만나야 하나요? 마음의 병이라면서요.

병원보다 훨씬 재미있는 곳!

어딘데요?

이번 주말에 수니와 함께 오렴.

같이 가보자!

어딘데요? 가르쳐 주세요.

유튜브 영상의 위험성

유튜브에는 우리 친구들의 흥미를 끄는 다양한 영상이 많아요. 하지만 시청해서는 안 되는 영상도 있지요. 부정적인 영향을 끼치는 영상은 어떤 것이 있는지 살펴볼까요?

1. 자극적이고 위험한 영상

많은 사람이 자신이 올린 영상이 인기를 끌기를 바라요. 그렇다 보니 좀 더 자극적이고 기이한 영상을 올리려고 하지요.

유튜브 영상을 찍으려다 비극적인 결말을 맞은 미국의 사례가 있어요. 아내와 남편이 사람들에게 큰 관심을 얻기 위해 두꺼운 백과사전으로 권총의 총격을 막는 장면을 촬영하기로 했어요. 그 장면을 유튜브에 올릴 계획으로 남편은 자신의 가슴에 백과사전을 대고 아내에게 총을 쏘라고 했지요. 그들은 백과사전이 총알을 막을 것이라 생각했지만 비극적이게도 총알이 백과사전을 그대로 통과하여 남편은 그 자리에서 죽고 말았어요.

또 다른 사례도 있어요. 일본에서 '오니기리(주먹밥) 한입 먹기'를 시도하던 유튜버가 사망한 일이에요. 이 사건이 더 충격적인 이유는 유튜버가 오니기리를 먹은 뒤 몇 분 후 거품을 물고 쓰러졌는데, 구급대원이 도착하기 전까지 괴로워하다가 숨을 거두는 모습이 생중계로 방송되었기 때문이에요.

2. 모방 범죄를 일으키는 영상

위험을 제대로 인지하지 못하는 아이들이
유튜브를 통해 위험한 정보를 습득하고 그
대로 따라 하는 모방 범죄가 늘고 있어요.

서울의 한 중학교에 다니는 이 군은 부탄
가스통에 불을 붙였어요. 가스통이 터지면
서 놀란 아이들이 혼란스러워하는 모습을
촬영한 후 이를 유튜브에 올렸어요. 이 군은 "유튜브 영상을 통해 범행 수법을 습득
했다"고 진술했어요. 이 군이 자신의 범행 장면을 계획적으로 찍고 내레이션까지 넣어
자랑하듯 곧바로 유튜브에 올린 것도 이런 무분별한 영상의 영향을 받은 거예요.

전문가들은 10대 청소년들의 '자기과시형 모방 범죄'가 우려할 만한 수준에 접어들
었다고 진단했어요.

3. 가치관을 저해하는 영상

아이들에게 즐거움을 주고 학습에 도움
을 주는 영상도 있지만, 해를 끼치는 영상도
있어요. 엄마가 딸에게 잠을 자는 아빠 몰
래 지갑에서 돈을 훔치라고 시키며 그 과정
을 찍어서 올린 영상이 있어요. 이런 영상을
올리는 것은 아이들의 도덕성을 흐리게 하

고 잘못된 가치관을 심어줄 수 있는 위험한 일이에요.

이 영상을 본 검찰은 사건을 법원에 제출했고, 법원은 아동학대 행위를 인정했어
요. 엄마가 아이에게 정신적 고통을 줄 수 있는 자극적인 행동을 했고, 이 영상을 본
아이들에게도 정서적 불안감을 심어줄 수 있다는 이유에서라고 해요.

다 함께 힘을 모아

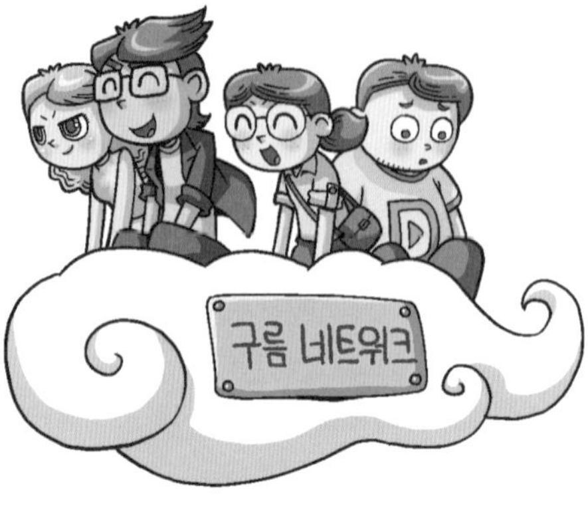
구름 네트워크

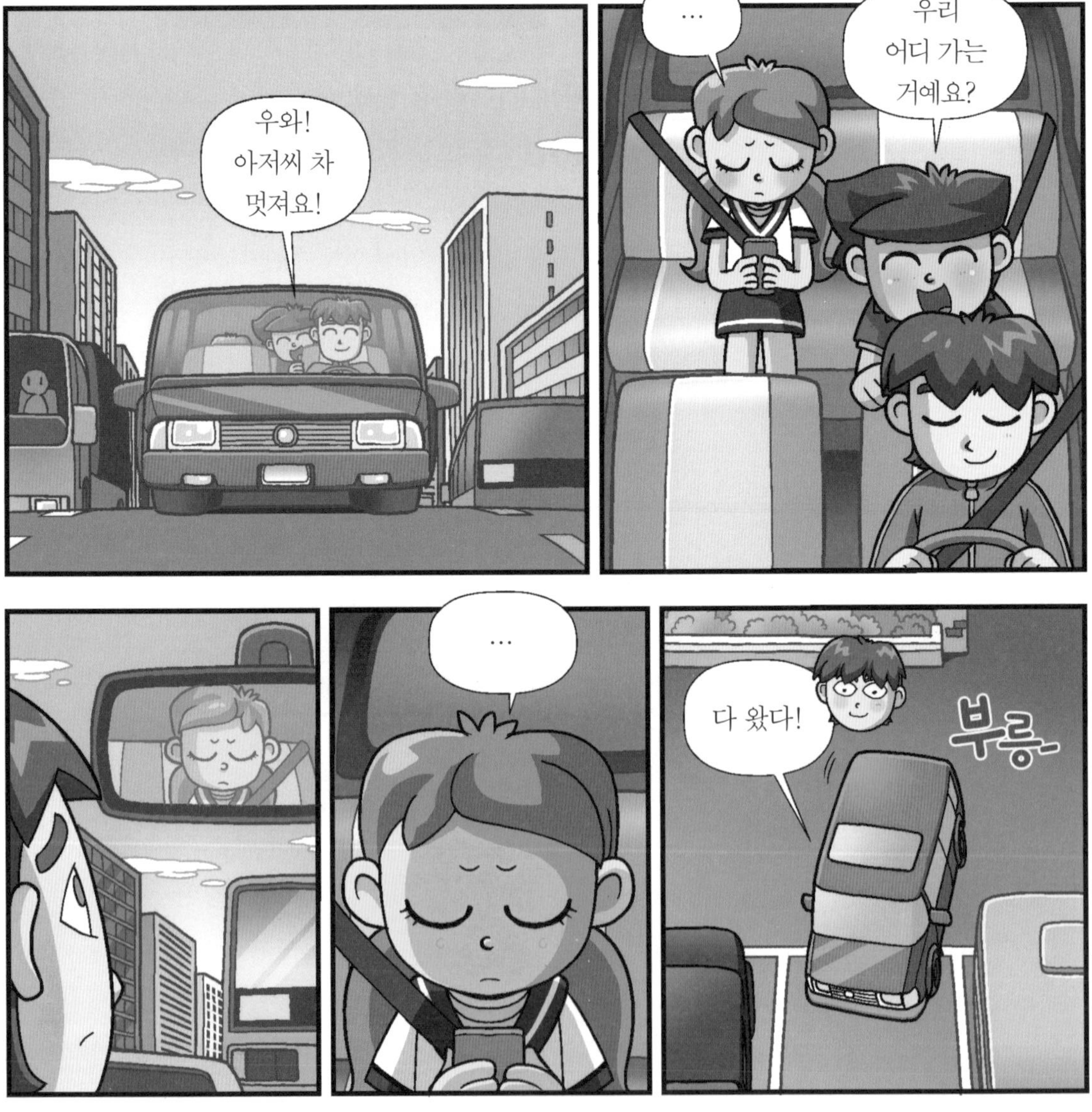
우와! 아저씨 차 멋져요!
…
우리 어디 가는 거예요?
…
다 왔다!
부릉~

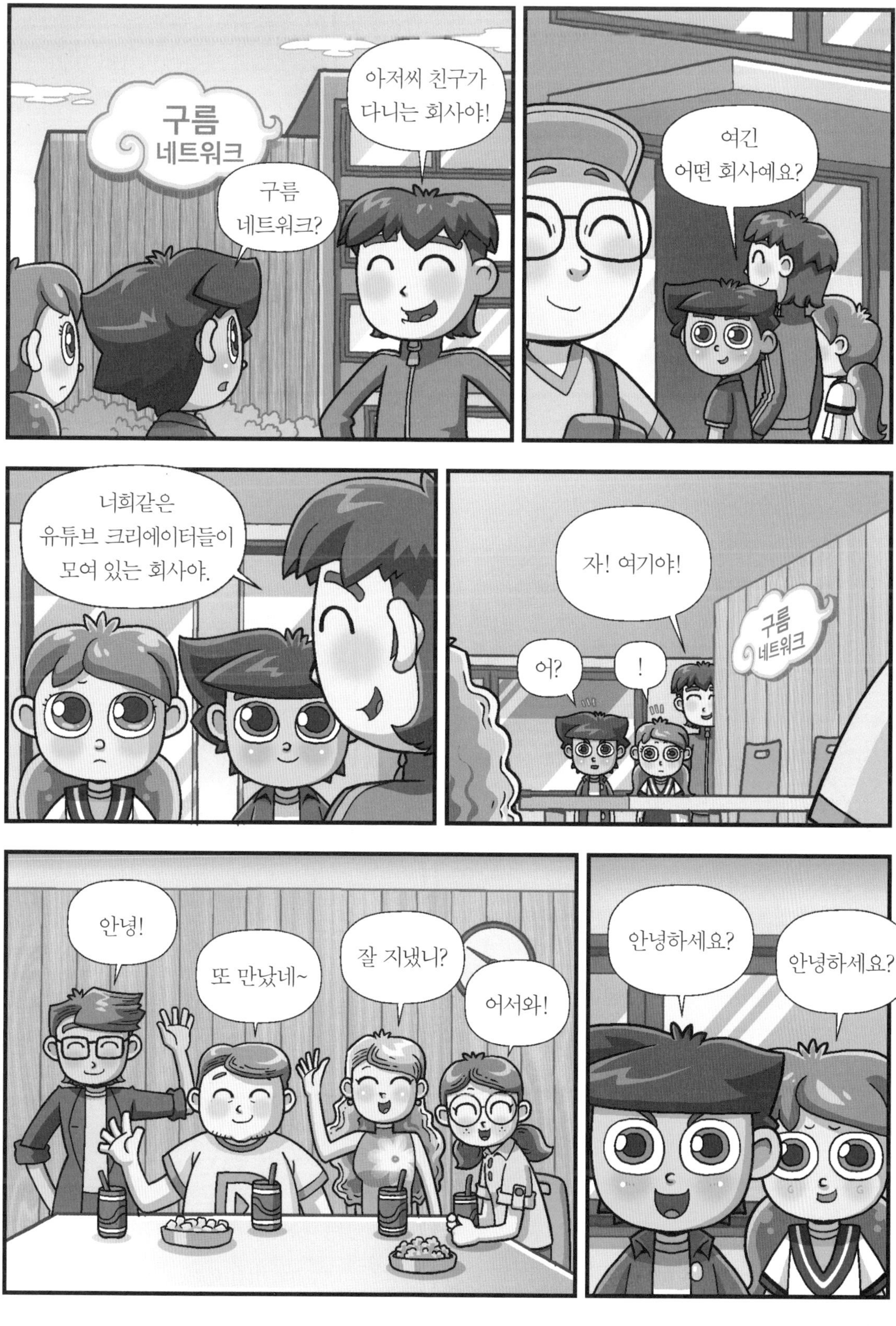
구름 네트워크
구름 네트워크?
아저씨 친구가 다니는 회사야!
여긴 어떤 회사예요?
너희같은 유튜브 크리에이터들이 모여 있는 회사야.
자! 여기야!
구름 네트워크
어?
!
안녕!
또 만났네~
잘 지냈니?
어서와!
안녕하세요?
안녕하세요?

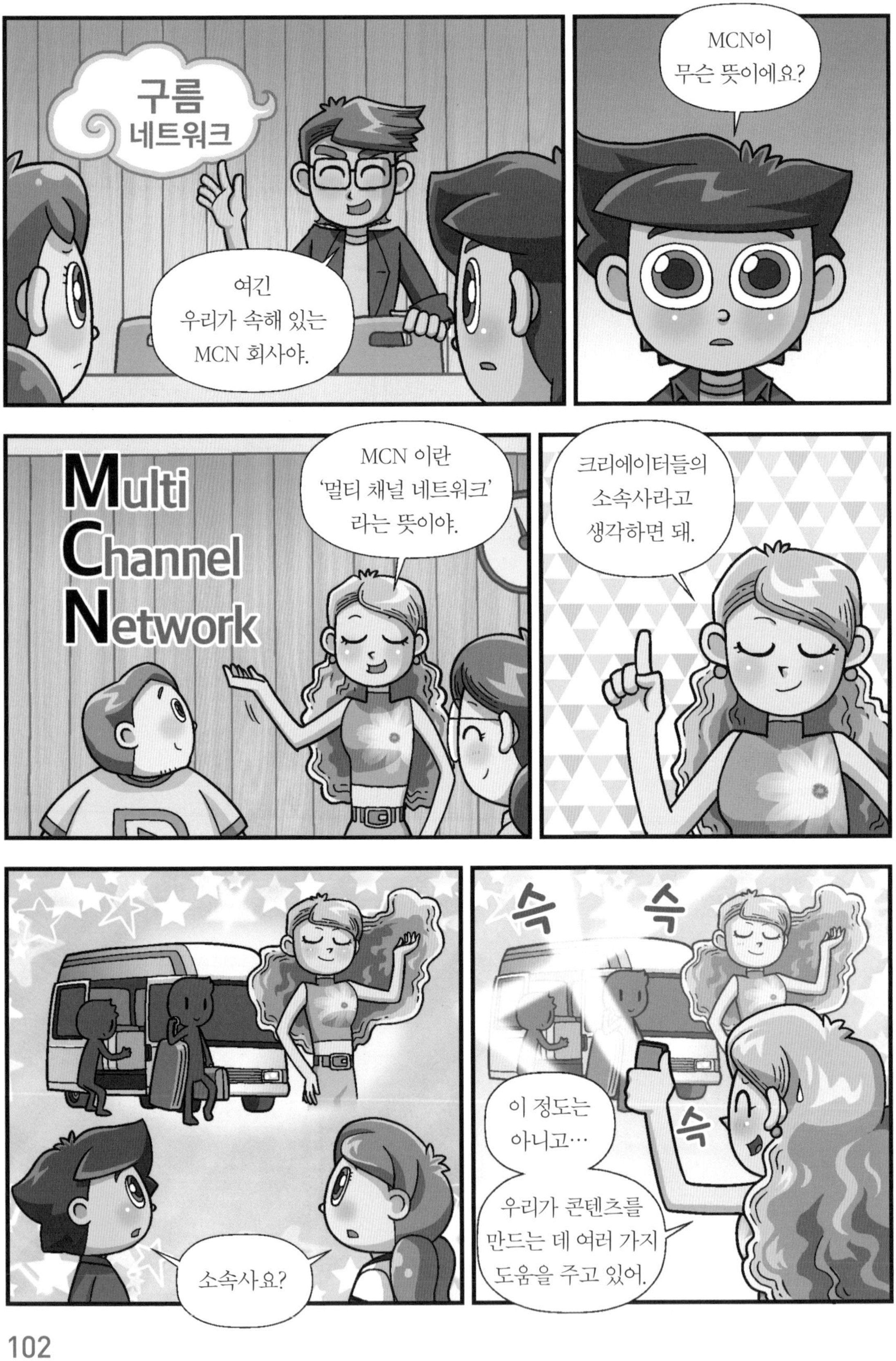
구름 네트워크
여긴 우리가 속해 있는 MCN 회사야.
MCN이 무슨 뜻이에요?
Multi Channel Network
MCN 이란 '멀티 채널 네트워크' 라는 뜻이야.
크리에이터들의 소속사라고 생각하면 돼.
소속사요?
슥
슥
이 정도는 아니고…
슥
우리가 콘텐츠를 만드는 데 여러 가지 도움을 주고 있어.

MCN 회사는 크리에이터들과 함께 토론이나 스터디를 진행하고

콘텐츠 제작에 필요한 장비나 스튜디오, 소품들을 지원해줘.

콘텐츠 제작 중!

채널 관리 중!

콘텐츠 제작에 집중할 수 있도록 채널과 수익을 관리해 주기도 하지.

우린 주로 유튜브에서 활동하지만, 트위치나 페이스북, 인스타그램 등 다양한 플랫폼에서 콘텐츠가 유통되도록 돕기도 하고

이 콘텐츠가 반응이 좋네요.

시청자의 반응을 살피고 피드백을 주기도 하지.

한 마디로 MCN 회사는 크리에이터가 혼자서 하기 어려운 부분을 도와줘.

그럼 크리에이터도 점점 연예인처럼 되는 건가요?

많은 사람이 그 부분을 궁금해 하더라고.

하지만 연예인과 크리에이터는 서로 다른 직업이야.

맞아. 일단 연예인처럼 잘생기지는 않았지.

너무한 거 아냐?

우선 콘텐츠를 만드는 과정부터 차이가 있어.

흠 흠

이번 프로그램의 내용입니다.

바로 이거야!

크리에이터는 콘텐츠를 만들 때 자신이 직접 기획하고 제작하지만, 연예인은 방송국이 기획한 것을 전달받아서 하지.

요즘 유명한 연예인들이 유튜브를 많이 하더라고요.

맞아요!

다른 채널에 연예인이 나오면 우리 채널은 아무도 안 볼 거예요!

반칙 이라고요!

과연 그럴까? 연예인이 너희보다 유리한 것은 인지도뿐이야.

인지도가 높으면 사람들이 궁금해서라도 보지 않을까요?

맞아!

맞아! 하지만 콘텐츠의 기획력과 지속력이 부족하면 오히려 더 외면받을 수 있어.

너희들 혹시 '울트라걸즈'라는 아이돌 그룹 아니?

그럼요! 최고 인기인데 당연히 알죠!

맞아요! 유튜브도 하고 있어요.

하지만 조회수는 갈수록 낮아지고 있단다.

이게 뭐야. 왜 이러지?

그럴 리가!

우리도 유튜브를 해야 하지 않겠어?

보나마나 완전 대박일 거야.

우린 핫하잖아!

워낙 유명한 그룹이라 자신만만했지만

이제 뭐 해야 해?

우리가 나오면 다 되는 거 아니었어?

맨날 똑같은 것만 할 수도 없고.

기획도 부실하고, 콘텐츠도 다양하지 못했어.

결국 시청자들이 실망하고 보지 않았지.

우리 채널 재미없대.

조회수가 또 줄었어.

더 보여줄 것도 없어.

그렇게 울트라걸즈의 채널은 조용히 잊혀졌어.

어쨌든 크리에이터에게 가장 중요한 것은 좋은 콘텐츠네요.

짝! 짝! 짝! 짝!

맞아!

그게 제일 중요해!

하지만 그게 쉽지만은 않아.

조회수와 댓글에 신경쓰다보면 콘텐츠를 소홀히 할 수도 있거든.

난 너무 스트레스를 받아서 그만둘까도 생각했었어.

정말요?

사실, 저도 그래요.

…
…
…

사실,
나도 그랬어.

실제로
다른 일을 한 적도
있지.

결국
다시 돌아왔지만
말야.

정말요?

난 악플
단 사람하고
싸운 적도 있어.

!

난 슬럼프에
빠져서 몇 달 동안
업로드를 하지 않은
적도 있어.

사실
나도…

아저씨도요?

아마 너희 부모님도 겪으셨을걸?

미래에 대한 불안과 슬럼프는 무슨 일을 하든 겪는 일이야.

중요한 건…

잘 극복하는 거야!

그래서 너희들과 여기 온 거야.

같은 어려움을 겪은 사람들과 이야기하면서 잘 극복하라고!

고맙습니다.

정말 힘이 나요.

조회수와 댓글이 중요하긴 하지만, 그렇다고 너무 얽매이진 마.

조회수가 낮고 악플이 달린다고 실패한 건 아니야.

진짜 실패는 더 이상 좋은 콘텐츠를 만들지 못하는 거지.

너희 콘텐츠는 정말 훌륭해.

그러니 인형을 사랑하던 처음으로 돌아가서 재미있게 만들어보라고!

네! 이제 잘 할 수 있어요!

수니가 다시 돌아왔어요!

그러네!

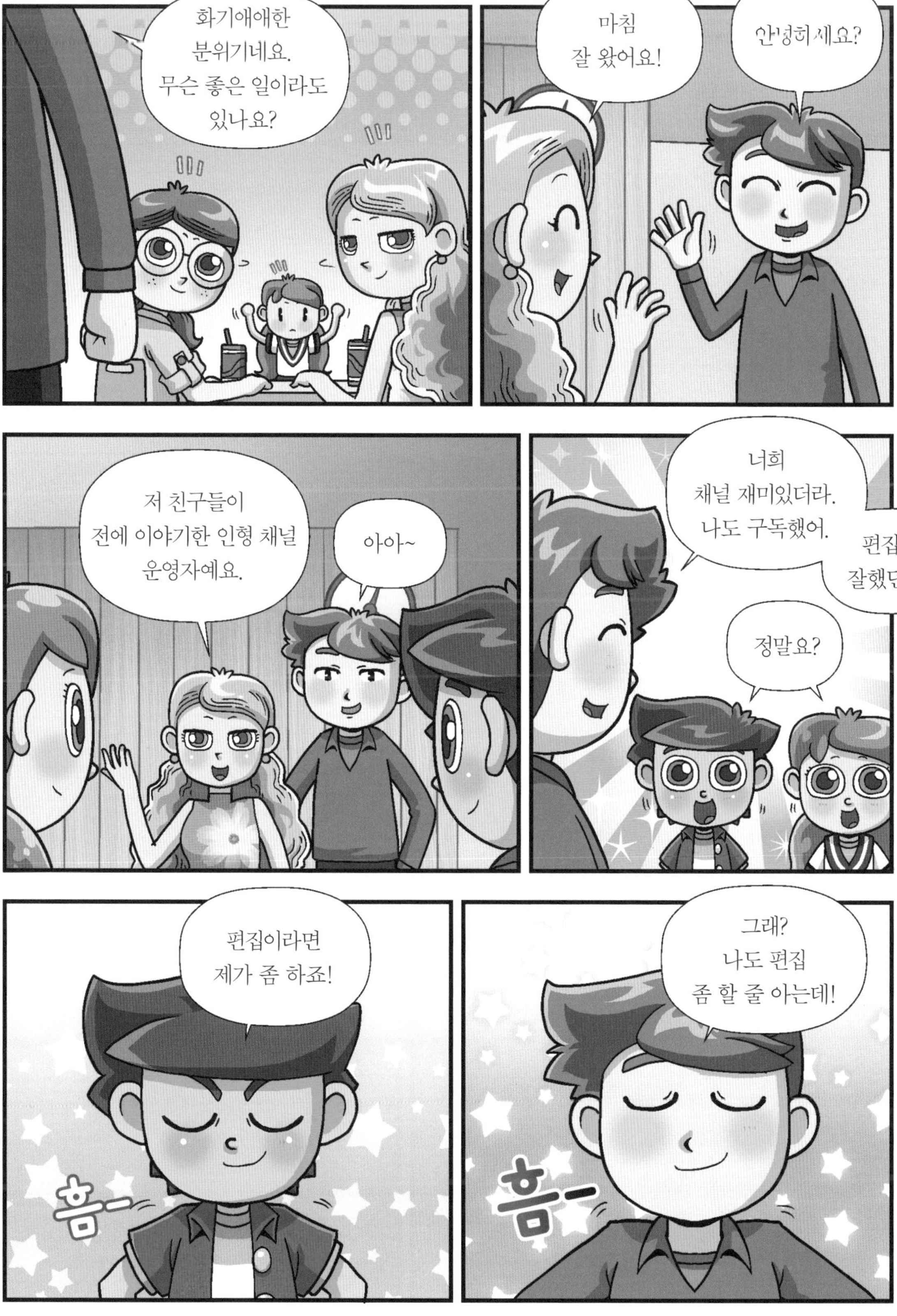
화기애애한
분위기네요.
무슨 좋은 일이라도
있나요?
마침
잘 왔어요!
안녕하세요?
저 친구들이
전에 이야기한 인형 채널
운영자예요.
아아~
너희
채널 재미있더라.
나도 구독했어.
편집도
잘했던데?
정말요?
편집이라면
제가 좀 하죠!
흠-
그래?
나도 편집
좀 할 줄 아는데!
흠-

이 분은
내 영상을 편집해 주시는
편집 전문가셔.

와~

편집만 전문으로
하는 분도 있어요?

그럼~.
편집뿐 아니라, 촬영이나
연출 전문가도
계시지.

그런 사람들을
제작 크리에이터라고 해.

시오가 기획과
편집을 하는 덕분에
수니가 인형 리페인팅에
집중할 수 있는 것처럼

콘텐츠의
완성도를 높이기 위해
제작 크리에이터와
같이 일을 하는 거야.

난 좋은 기획도 있고 아이디이도 있었는데, 재미있게 편집하는 감각이 부족했어.

그때 회사에서 제작 크리에이터를 소개해 주셨는데, 바로 이 분이서.

우리가 하는 1인 미디어 콘텐츠도 말하자면 작은 방송이지.

우린 자기 분야에 있어 전문가이긴 하지만 방송은 잘 모를 수 있어. 그래서 제작을 도와줄 제작 크리에이터가 필요한 거야.

제작 크리에이터

제작 크리에이터란 1인 미디어 콘텐츠 제작에 참여하는 스텝을 말해요. 1인 미디어 콘텐츠는 기본적으로 기획부터 제작, 관리까지 혼자 하는 일이지만, 채널의 규모가 커지거나, 더 높은 완성도를 위해 함께 일할 스텝이 필요하기도 해요. 1인 미디어 시장의 성장과 함께 제작 크리에이터 역시 전망이 밝은 직업으로 떠오르고 있어요.

- 작기: 기획 의도에 맞게 내용을 구상하고 내본을 작성해요.
- 연출자: 제작의 전체적인 것을 총괄하고 컨트롤해요.
- 촬영자: 알맞은 구도를 정하고 조명을 조절해서 영상을 촬영해요.
- 편집자: 영상의 흐름에 따라 불필요하거나 실수한 부분을 잘라내고, 중요한 부분을 강조하는 등 영상 분량을 조절하고 자막과 배경 음악을 넣어요.

수니 얼굴이 밝아져서 다행이야.

안녕!

고맙습니다!

안녕히 계세요!

구름 네트워크

오늘 어땠어?

부릉~

형, 누나들 덕분에 새로운 사실을 많이 배웠어요!

제 고민을 해결해 주셔서 감사해요.

그런데 왜 난 아저씨고, 걔네들은 형, 누나야?

내 친구들인데 …

거울을 좀 보세요. 아저씨는 형같지는 않잖아요. 큭큭큭.

형과 누나들을 보니까 저도 성공한 유튜버가 되고 싶다는 생각이 들어요.

그 형과 누나들은 어떻게 성공하게 되었을까요?

내 채널도 꽤 유명한데…

너도 들었잖아, 좋은 콘텐츠를 만드는 것이 성공하는 길이라고.

아냐, 우리가 모르는 비결이 있을 거야.

기업비밀 같은 거 말이야.

맞아. 비결이 있어.

정말요?

비결이 뭐예요?

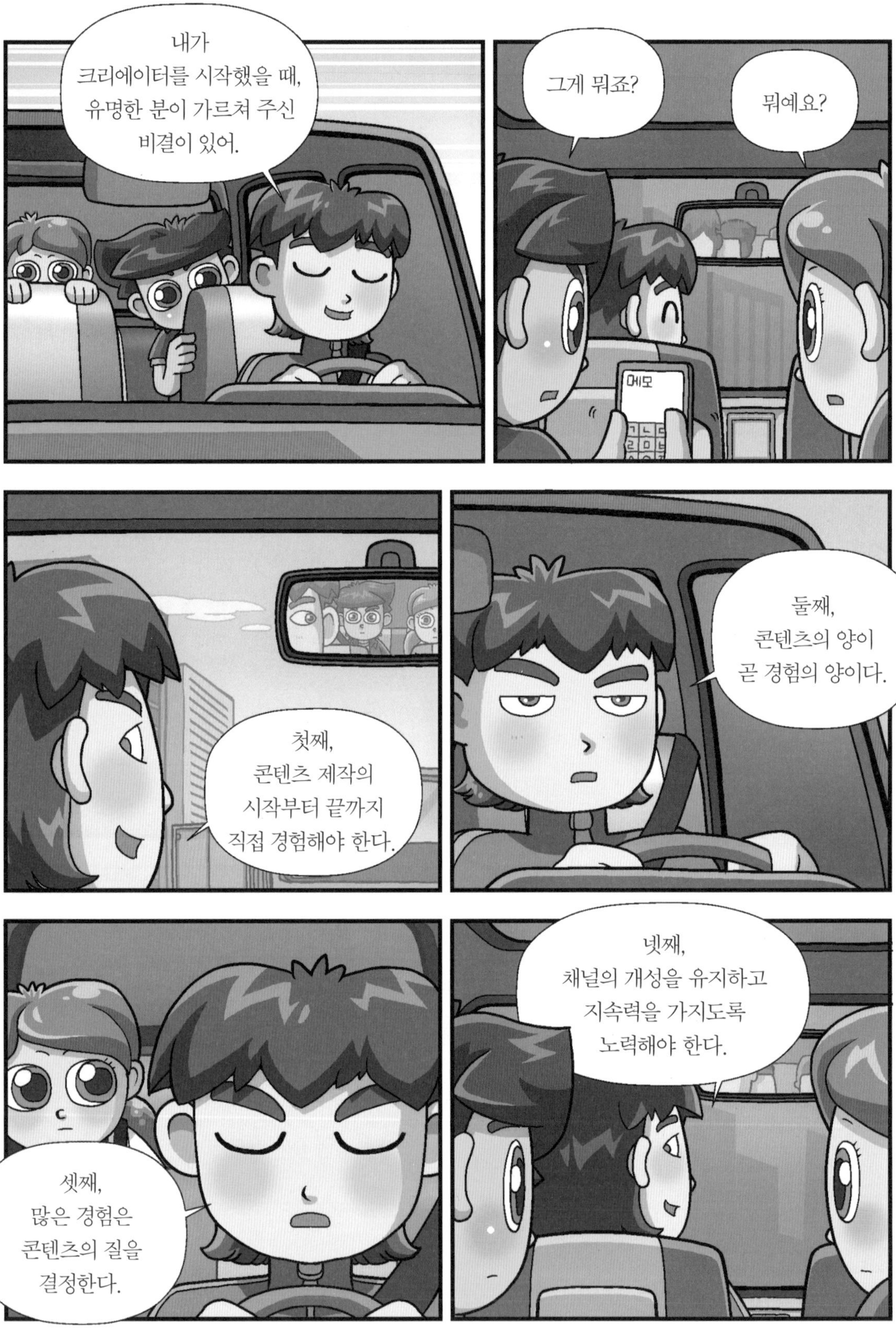
내가
크리에이터를 시작했을 때,
유명한 분이 가르쳐 주신
비결이 있어.
그게 뭐죠?
뭐예요?
메모
첫째,
콘텐츠 제작의
시작부터 끝까지
직접 경험해야 한다.
둘째,
콘텐츠의 양이
곧 경험의 양이다.
셋째,
많은 경험은
콘텐츠의 질을
결정한다.
넷째,
채널의 개성을 유지하고
지속력을 가지도록
노력해야 한다.

그런데, 이선…

우리도 이미 하고 있는 내용이에요.

우린 꽤 많은 양의 콘텐츠를 처음부터 끝까지 직접 만들었고요.

인형 채널의 개성을 지키려고 정말 애쓰고 있어요.

맞아, 너희들은 이미 잘하고 있어.

하지만 진짜 중요한 건, 그렇게 앞으로도 계속 해야 한다는 거야.

그게 바로 지속력이야.

무슨 비결이 이래요?

누가 말해준 비결이에요?

엄청 유명한 사람이야!

대도서관의 조언

내가 관심 있고 잘할 수 있는 분야를,
지속 가능한 컨셉으로 기획해,
일주일에 최소 두 편씩,
1년간 꾸준히 업로드하라.

'대도서관'의 '유튜브의 신' 중에서…

117

크리에이터를 위한 기획사 MCN 회사

유튜브가 빠르게 확산되면서 유튜브 크리에이터가 연예인을 능가하는 인기를 누리고 있어요. 그래서 인터넷 스타를 위한 기획사가 생겨났는데, 이를 MCN(Multi Channel Network, 다중 채널 네트워크)이라고 불러요.

MCN은 크리에이터의 콘텐츠를 개발 관리하고, 프로그램을 기획하고, 저작권을 관리해 주고, 광고를 유치하는 등 크리에이터가 혼자 하기 힘든 업무를 대신 해 줘요.

국내 인기 크리에이터들이 모여 있는 대표적인 MCN 회사는 어디인지 알아볼까요?

● 다이아TV: CJ E&M에서 2013년에 개설한 국내 최초, 최대 규모의 MCN이에요. 게임 유튜버 '대도서관', 과학 실험 유튜버 '허팝', 뷰티 유튜버 '씬님' 등 400팀 이상의 크리에이터가 소속해 있어요. 월간 콘텐츠 조회는 약 20억 회에 달한다고 해요.

● 트레져헌터: 게임 유튜버 '악어', '양띵', 토크 유튜버 '김이브'를 포함하여 총 140여 명의 크리에이터가 소속해 있어요. 국내 최초로 크리에이터 전용 제작 전문 스튜디오를 개설했는데, 영상 제작 시스템, 레코딩 스튜디오 등 각종 편의시설을 갖췄다고 해요.

● 샌드박스 네트워크: 게임 유튜버 '도티', '잠 뜰', 더빙 영상을 만드는 '장쀼쭈' 등 130여 명의 크리에이터가 활동하고 있어요. 처음에는 게임 위주로 했으나 지금은 먹방, 코미디 분야 까지 확대하고 있어요.

● 레페리 뷰티 엔터테인먼트: '다또아' 등 130 여 명의 뷰티 크리에이터가 활동하고 있는 뷰 티·패션 전문 회사예요. 오디션을 통해 크리 에이터 연습생을 뽑아 동영상 제작방법을 가 르치고 멘토링도 진행한다고 해요.

● 비디오빌리지: '걸스 빌리지', '보이즈 빌리지' 등 여섯 개의 채널을 운영하고 있는 미디어 스 타트업이에요. '퇴경아 약먹자', '최승현의 취미 생활', '안재억의 재밌는 인생' 등 페이스북 동 영상으로 유명해진 사람들이 많아요.

● 프릭엔: 아프리카 TV의 계열사예요. 교육· 시사·뷰티·패션 등 전문 콘텐츠를 만들고, 가 분야 전문 크리에이터를 양성해요. 영상 콘텐츠에 관심은 있지만, 개인 방송 경험이 없 는 사람들이 주요 섭외 대상이라고 해요.

엄마가 간다!

역시
내 전공인 찌개가
좋겠어!

수니 엄마!

!

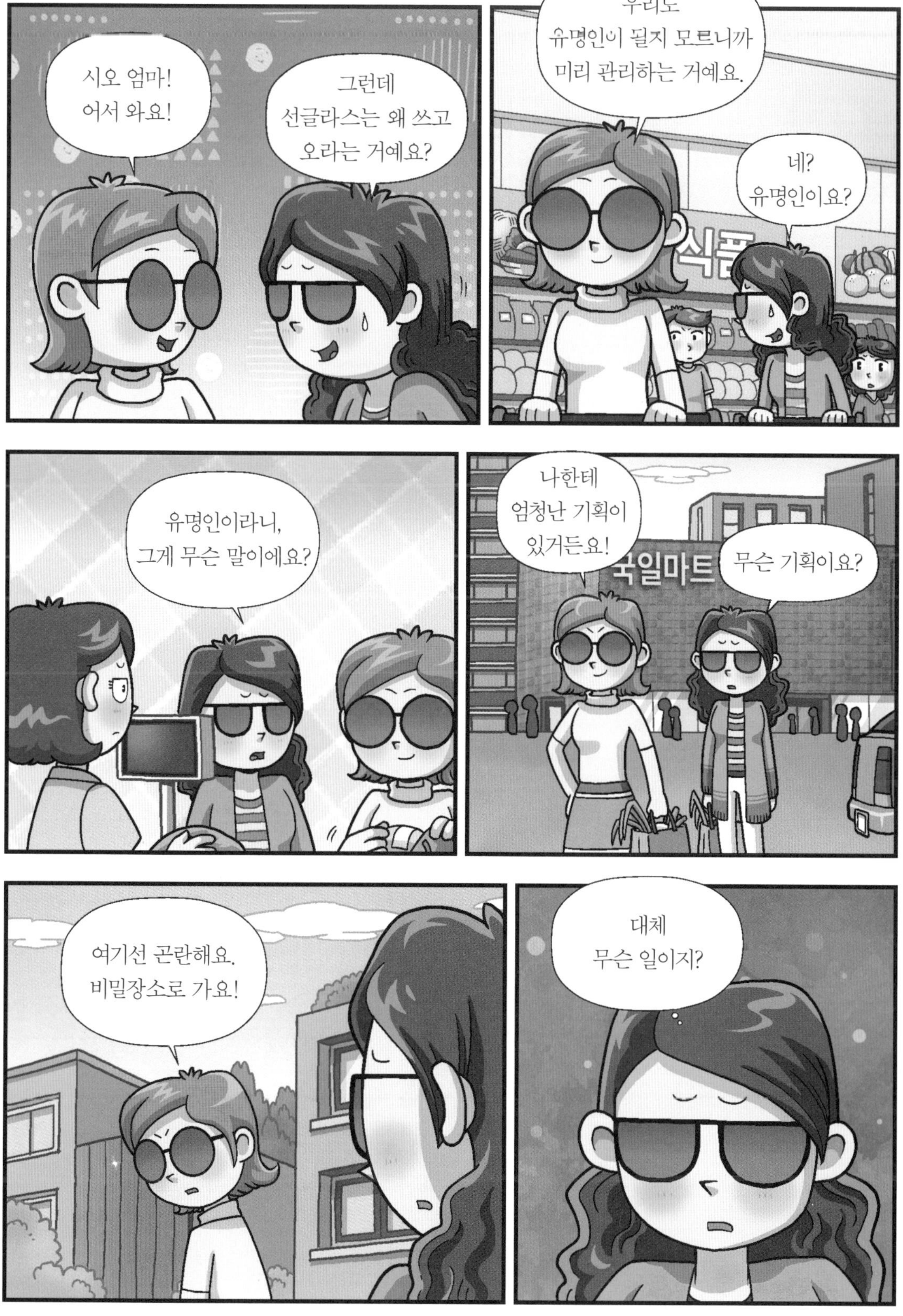
시오 엄마!
어서 와요!
그런데
선글라스는 왜 쓰고
오라는 거예요?
우리도
유명인이 될지 모르니까
미리 관리하는 거예요.
식품
네?
유명인이요?
유명인이라니,
그게 무슨 말이에요?
나한테
엄청난 기획이
있거든요!
국일마트
무슨 기획이요?
여기선 곤란해요.
비밀장소로 가요!
대체
무슨 일이지?

여기가
비밀장소예요?

여긴
동네엄마들이 모르는
커피숍이에요.

대체
무슨 기획이에요?

궁금해
죽겠어요.

갑자기
장을 본 것도
이상하고…

요즘 수니와
시오가 뭘하고 있는지는
알고 있죠?

그럼요.
나름 인기있는 유…

쉿!

우리도 유튜브를 한 번 해보면 어때요?

네에?

애들도 하는데, 우리가 못할 게 뭐예요?

하, 하지만 수니처럼 특별한 재능이 있는 것도 아니잖아요.

저는 음식을 잘 만들어요.

그리고…

드라마라면 모르는 게 없다고요.

찡긋

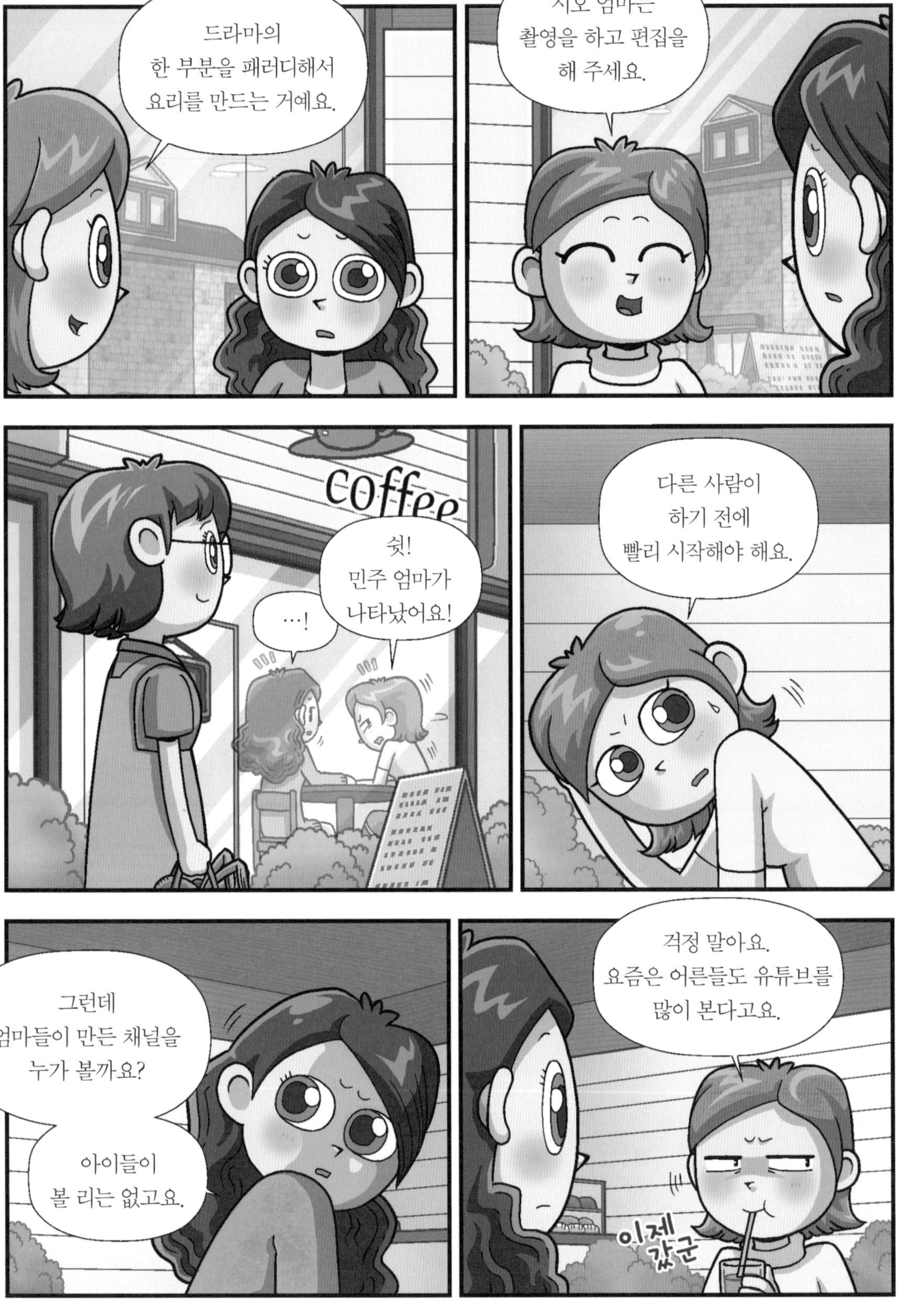
드라마의 한 부분을 패러디해서 요리를 만드는 거예요.
시오 엄마는 촬영을 하고 편집을 해 주세요.
coffee
쉿! 민주 엄마가 나타났어요!
…!
다른 사람이 하기 전에 빨리 시작해야 해요.
그런데 엄마들이 만든 채널을 누가 볼까요?
아이들이 볼 리는 없고요.
걱정 말아요. 요즘은 어른들도 유튜브를 많이 본다고요.
이제 갔군

아직까지 60세 이상의 어른은 TV를 많이 보지만, 40세 이하는 스마트폰 같은 모바일 기기를 더 많이 사용해요.

연령별 미디어 사용 비율

60세 이상			40~59세			25~39세			13~24세		
TV	PC	모바일	TV	PC	모바일	TV	PC	모바일	TV	PC	모바일
69%	7%	24%	52%	8%	40%	31%	10%	59%	23%	7%	70%

2017년 3월 기준

게다가 어른들이 스마트폰으로 가장 많이 사용하는 앱이 유튜브라고요.

한국 50대 이상이 가장 오래 사용하는 앱

79억분 55억분 29억분 17억분 10억분

2018년 11월 안드로이드앱 기준

그러고보니 주위 엄마들도 유튜브 이야기를 종종 하곤 했어요.

맞아요! 보는 사람은 많으니까 우리는 재미있는 콘텐츠를 만들면 되는 거라고요.

그럼 한 번 해볼까요?

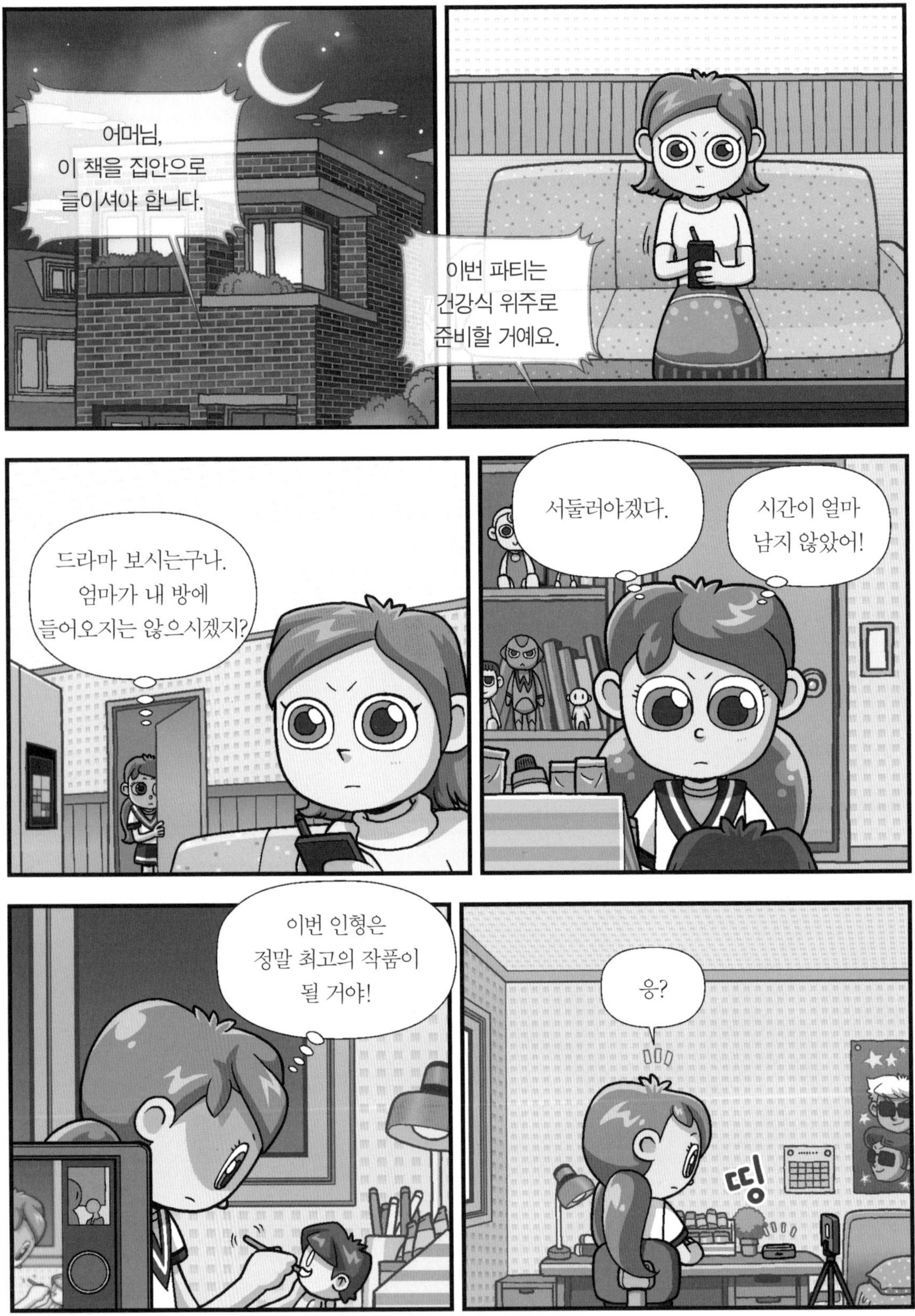
어머님,
이 책을 집안으로
들이셔야 합니다.
이번 파티는
건강식 위주로
준비할 거예요.
드라마 보시는구나.
엄마가 내 방에
들어오지는 않으시겠지?
서둘러야겠다.
시간이 얼마
남지 않았어!
이번 인형은
정말 최고의 작품이
될 거야!
응?
띵

잘 되고 있어?
이번 인형에
우리 채널의 미래가
달려있다고!

걱정 마!
아주 잘되고
있으니까!

띵一

엄마한테
들키지
않도록 조심해!
뭐가 알아채시면
끝장이야!

띵一

엄마는
모르실 거야.
지금 드라마
보고 계셔.

틱틱

그런데
엄마가 다른 때랑
좀 날라.

엥? 어떻게?
눈치채신 건
아니겠지?

틱틱

그건 아냐…
너는 어떻게 편집할지
잘 생각하고 있어.
내일 봐 ^^

틱틱
틱

다녀 오겠습니다!

수니가 학교에 갔어요!

…

식재료는 다 준비됐어요!

촬영 준비도 다 됐어요!

휴… 너무 긴장돼요.

저도요…

그럼 시작해 볼까요?

삐빅

요즘 아이들 사이에 유튜브가 인기더라고요.

맞아요. 우리 애도 난리예요.

수니하고 시오 때문에 더 그런 것 같아요.

맞아요!

수니하고 시오가 만든 유튜브 채널이 꽤 인기가 많은 모양이더라고요.

휴… 우리 아이도 크리에이터가 되겠대요.

말려야 할 것 같아요!

맞아요!

한다고 다 성공하는 것도 아니잖아요!

대기업에 가야죠!

공무원이 최고라고요!

응? 저 청년은?

!

유튜브 청년이네!

아, 안녕하세요?

저희 아이가 크리에이터가 되고 싶다는데 괜찮을까요?

아, 네…

아이들을 말리지 않아도 될까요?

어린 친구들이 크리에이터의 일이 화려해 보이기도 하고 조금만 일하고도 돈을 벌 수 있다는 오해를 하면서 하고 싶어 하는 경우가 많아요.

또 어떤 친구는 공부하기 싫어서 크리에이터를 하려고도 하고요.

맞아요!

그렇다니까요!

하지만 크리에이터는 공부도 많이 하고 자신의 분야에 전문적인 지식이 있어야 해요.

아이들이 무슨 전문적인 지식이 있겠어요?

맞아요.

전문적인 지식이라고 꼭 대단한 것만 말하는 건 아니에요.

수니처럼 인형을 만드는 지식, 요리를 잘하는 지식, 정리를 잘하는 지식 등

자신이 잘하는 것을 콘셉트로 잡아 기획하면 됩니다. 아이들이 무엇을 잘하고 무엇을 좋아하는지가 중요하지요.

유튜버는 자신이 좋아하는 일을 직업으로 삼을 수 있다는 장점이 있어요.

그래도 직업으로 삼으려면 장래성이 있어야 하잖아요?

어머니들, 모두 스마트폰 가지고 계시죠?

그럼요.

요즘 스마트폰 없는 사람이 어디 있나요?

바로 그것이 크리에이터라는 직업의 장래성이에요.

스마트폰은 앞으로도 계속 쓰게 될 것이고, 사용시간도 점점 더 늘어날 거예요.

지금 젊은 사람은 TV나 컴퓨터보다 스마트폰을 훨씬 많이 사용해요.

거의 70%나 되지요.

스마트폰으로 가장 많이 쓰는 앱이 유튜브예요.

회사로 말하자면 사람들이 가장 많이 사는 물건을 만드는 회사인 거죠.

한국에서 가장 오래 사용하는 앱 (단위 억분) 2018년 11월 기준

317
197
126
39

이렇게나 많이 썼다니!

이 정도인 줄은 몰랐어요.

장래성을 말하자면 이것보다 더 큰 장래성이 있을까요?

그렇다고 다 유튜버가 돼야 한다고 말하는 건 아니예요.

괜찮은데요?

전 어머니들이 유튜버에 대한 편견을 갖지 않으셨으면 해요.

어머니들의 이해가 아이들의 가능성을 더 넓게 만들어 준다고 생각해요.

네~

맞는 말이네요.

아이들을 생각해 주다니 훌륭한 청년이네요.

그러네요.

우리 아이가 뭘 잘하는지 관심을 가져야겠어요.

저도 반성이 되네요.

그나저나 요즘 수니 엄마하고, 시오 엄마 보기가 힘드네요.

무슨 일이 있나?

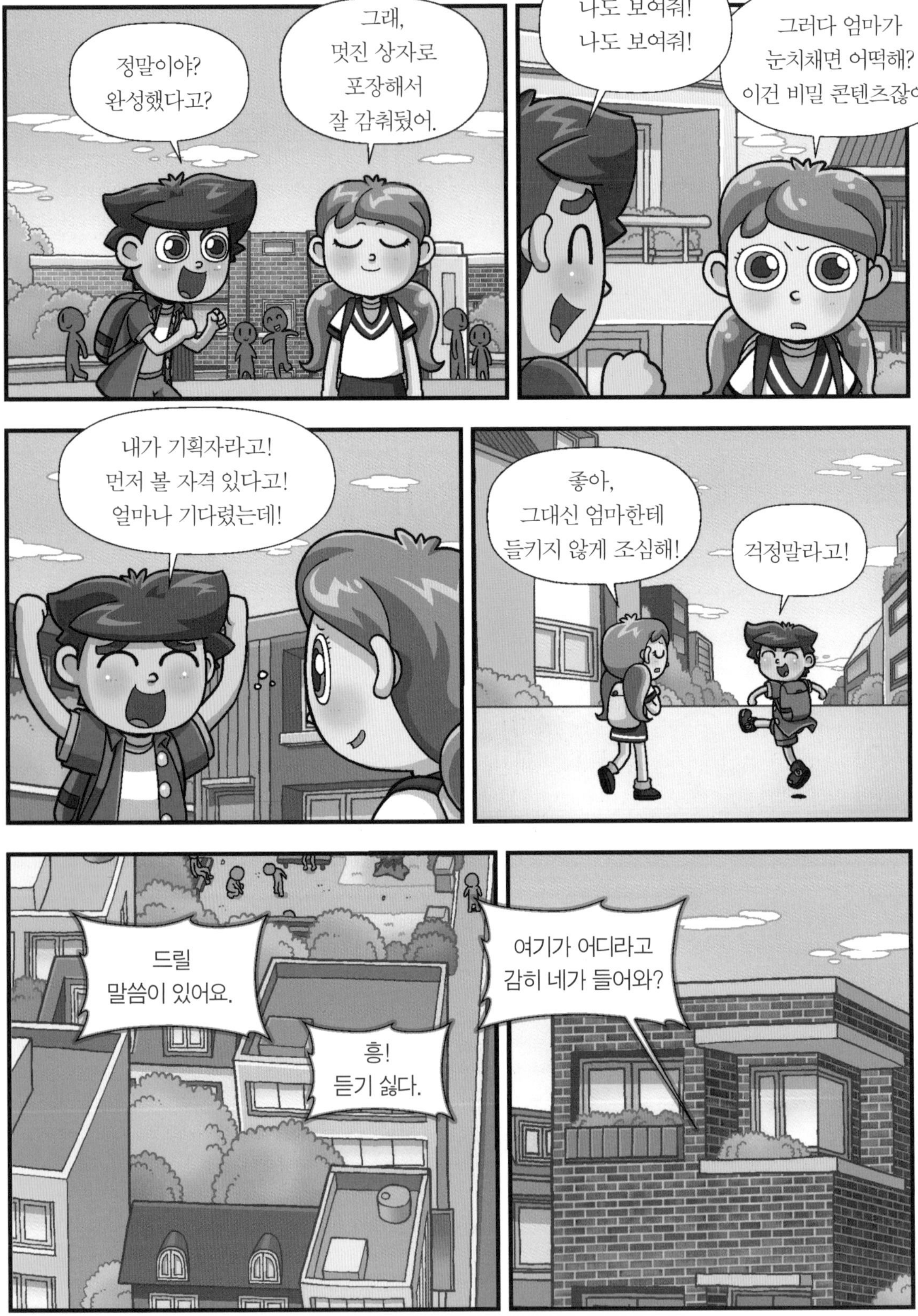
정말이야? 완성했다고?
그래, 멋진 상자로 포장해서 잘 감춰뒀어.
나도 보여줘! 나도 보여줘!
그러다 엄마가 눈치채면 어떡해? 이건 비밀 콘텐츠잖아.
내가 기획자라고! 먼저 볼 자격 있다고! 얼마나 기다렸는데!
좋아, 그대신 엄마한테 들키지 않게 조심해!
걱정말라고!
드릴 말씀이 있어요.
흥! 듣기 싫다.
여기가 어디라고 감히 네가 들어와?

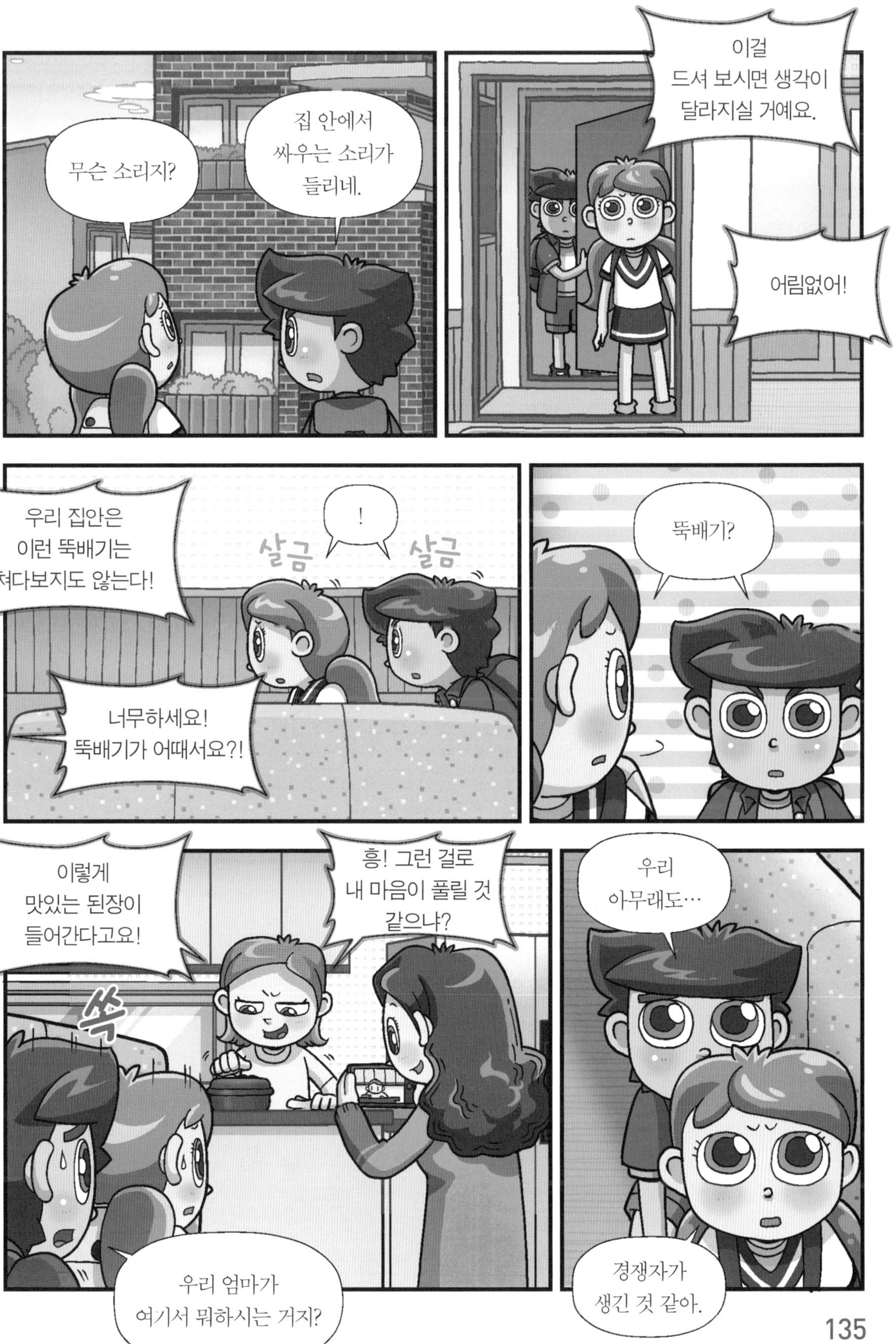
무슨 소리지?
집 안에서 싸우는 소리가 들리네.
이걸 드셔 보시면 생각이 달라지실 거예요.
어림없어!
우리 집안은 이런 뚝배기는 쳐다보지도 않는다!
!
살금
살금
너무하세요! 뚝배기가 어때서요?!
뚝배기?
이렇게 맛있는 된장이 들어간다고요!
흥! 그런 걸로 내 마음이 풀릴 것 같으냐?
쏙
우리 엄마가 여기서 뭐하시는 거지?
우리 아무래도…
경쟁자가 생긴 것 같아.

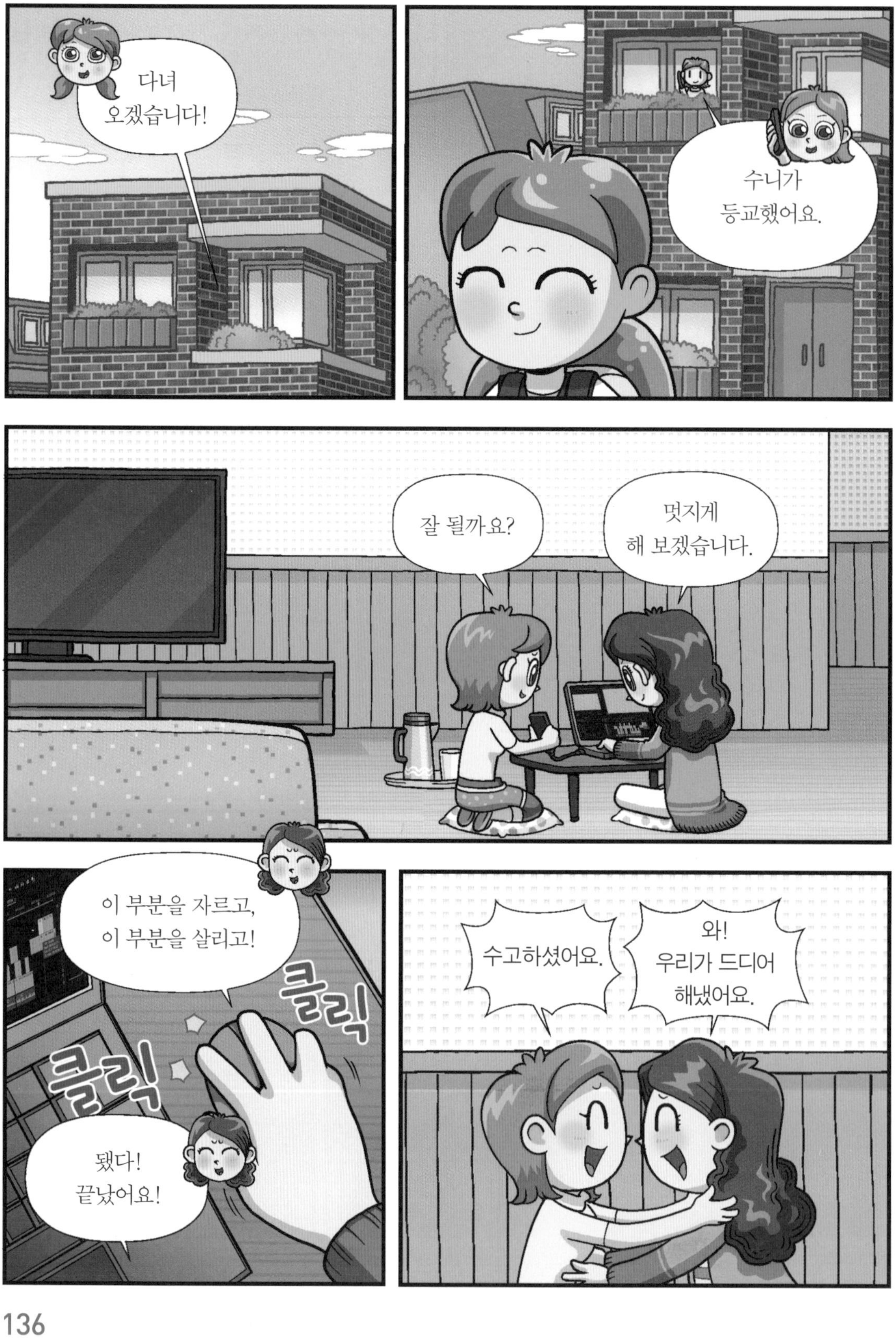
다녀 오겠습니다!
수니가 등교했어요.
잘 될까요?
멋지게 해 보겠습니다.
이 부분을 자르고, 이 부분을 살리고!
클릭
클릭
됐다! 끝났어요!
수고하셨어요.
와! 우리가 드디어 해냈어요.

그런데 계속할 만한 소재가 있을까요?

시오 말로는 콘텐츠의 지속력이 중요하다고 하던데요.

걱정 말아요! 난 드라마와 요리라면 누구한테도 지지 않을 자신이 있어요.

또 시오 엄마는 기획이랑 편집 솜씨가 좋잖아요.

지금 이럴 때가 아니에요. 우리 채널 이름도 만들고, 닉네임도 정해야 한다고요.

사실 몇 가지 채널 이름과 닉네임을 생각해 봤어요.

와아!

호호호

이거 어때요?

호호호

막장 요릿집? 좋은데요?

채널 이름 정하기

채널 이름은 아주 중요해요. 명함과도 같거든요. 채널 이름을 짓는 특별한 규정은 없지만 한번 들으면 잊어버리지 않도록 기억에 잘 남는 이름으로 정하는 것이 좋아요. 독특하고 강한 인상을 심어 줄 수 있는 것으로 정해 보세요.

비밀 콘텐츠 촬영일

됐다!

엄마 올 때 됐어.
어서 준비하자!

다 됐어요!

그럼 어서 숨자!

수니야,
엄마 왔다!

응?
집에 아무도
없나?

짠~

엄마,
생일 축하해요!!

언제 이런 걸
다 준비했어요?

후—

이건
제 선물이에요.

앗! 이건…

'혼자 사는 세상'에
나오는 강 팀장님?!!

내가 제일 좋아하는
주인공이야!

섬네일 만들기

섬네일은 '엄지 손톱, 작은 물건'이라는 뜻으로 영상을 재생해서 보기 전에 보이는 작은 이미지로 미리보기 이미지라고도 해요. 섬네일은 책의 표지와도 같은 것으로 동영상에 대한 궁금증과 관심을 끄는 역할을 하기 때문에 아주 중요하답니다.

다음날

수니야!
양수니!

어제 올린 편
조회수 봤어?!

봤어.

'막장 요릿집'이라는
이상한 채널이 우리보다
잘 나가더라고!

눈치 없긴!

그 채널,
우리 엄마하고
너희 엄마가 만든
채널이잖아!

말도 안 돼!
내가 엄마한테 편집하는
법 알려줬는데!

이제 어떡해?

뭘 어떡해?
유튜브 크리에이터는
좋은 콘텐츠 만들기만
신경 쓰면 된다고!

141

유튜브 채널의 콘텐츠 종류

유튜브 채널에서 자주 활용되는 콘텐츠의 종류는 생각보다 많지 않아요. 브이로그형, 교육형, 리뷰형, 재능형이 대표적이지요. 각각의 특징을 살펴보고 자신에게 잘 맞는 영상은 어떤 유형인지 알아볼까요?

● 브이로그형

대부분의 유튜브 채널 운영자가 생각하는 콘텐츠예요. 브이로그는 비디오와 블로그의 합성어로 비디오로 보여주는 블로그 형식이에요. 브이로그의 주제는 일상이에요. 내가 먹는 것, 놀러 가는 곳, 나에게 있었던 에피소드 등이 대표적인 사례가 돼요.

브이로그의 가장 큰 장점은 쉽게 도전할 수 있다는 거예요. 일상을 공유하는 것이므로 편하게 핸드폰으로 찍어서 간단한 편집을 하면 인터넷 공유가 가능한 수준으로 작업이 가능하지요.

브이로그의 제작이 쉬운 만큼 경쟁이 치열하다는 단점이 있어요. 그리고 여기저기 돌아다니면서 체험을 해야 하므로 영상 제작 비용이 생각보다 많이 들어요.

● 교육형

교육형 콘텐츠는 간단하게 이야기해서 강의하는 것을 촬영한 영상이에요. 교육형 콘텐츠를 찍는 사람은 자신이 가진 전문적인 지식을 다른 사람에게 알려주는 것을 핵심으로 삼아요.

교육형 콘텐츠는 지식을 나누므로 콘텐츠 제작 비용 자체는 많이 들지 않아요. 자신이 알고 있는 것을 카메라 앞에서 이야기하고 적절한 자료를 추가하면 되기 때문이에요. 반면 팬 확보가 어렵다는 단점이 있어요.

교육형 콘텐츠는 개인 브랜드를 갖추고 강화하고자 하는 사람이 선택하면 좋은 방식이에요.

● 리뷰형

리뷰형 콘텐츠는 기업에서 생산한 제품이나 서비스를 소개하고 장단점을 알려주는 것에 중점을 둬요. 그래서 단기간에 구독자를 늘릴 가능성이 커요. 자기계발과 관련한 이야기는 검색을 많이 하진 않지만, 아이폰 최신형이 어떤 기능이 있는지는 다
들 궁금해하기 때문이지요. 다만 리뷰형 콘텐츠도 경쟁이 치열하므로 성공하기까지 많은 시간과 노력이 들어요. 특히 테크 유튜버 쪽이 그 정도가 심해요. 그러나 리뷰형 콘텐츠로 이름이 알려지면 사업적으로 가장 큰 확장을 시도할 수 있는 분야이기도 해요. 그 제품을 생산하는 기업이 스폰서 계약을 할 수 있기 때문이에요.

● 재능형

음악, 미술 등이 이 영역에 해당해요. 자신이 가지고 있는 재능을 보여주거나 자신이 가진 노하우를 다른 사람에게 공개하여 채널의 구독자를 모으는 방식이에요.

베이스 위저드라는 채널의 마크는 엄지로 현을 두드려 펑키한 느낌을 내는 베이스기타 연주에 뛰어난 재능이 있어요. 그 재능을 보여 주는 영상을 찍어서 구독자의 관심과 흥미를 불러 일으키고 있지요.

Job? 06
나는 **유튜브 크리에이터**가 될 거야!

초판 1쇄 발행 · 2019년 7월 19일
초판 5쇄 발행 · 2021년 9월 10일

지은이 · 주성윤
그린이 · 주성윤
펴낸이 · 이종문(李從聞)
펴낸곳 · 국일아이

등 록 · 제406-2008-000032호
주 소 · 경기도 파주시 광인사길 121 파주출판문화정보산업단지(문발동)
영업부 · Tel 031)955-6050 | Fax 031)955-6051
편집부 · Tel 031)955-6070 | Fax 031)955-6071

평생전화번호 · 0502-237-9101~3

홈페이지 · www.ekugil.com
블 로 그 · blog.naver.com/kugilmedia
페이스북 · www.facebook.com/kugilmedia
E - m a i l · kugil@ekugil.com

ISBN 979-11-87007-98-2 (14300)
　　　979-11-87007-97-5 (세트)

워크북

Job?

나는 유튜브 크리에이터가
될 거야!

국일아이

목차

2

워크북 활용법

직업 탐험　각 기관의 대표 직업(네 가지)이 하는 일, 필요한 지식, 자질 등에 관한 정보뿐만 아니라 관련 직업에 관한 정보를 얻어요.

직업 놀이터　다른 그림 찾기, 숨은그림찾기, 미로 찾기, 색칠하기, ○× 퀴즈 등 재미있는 놀이 요소를 통해 직업 상식을 알아봐요.

직업 톡톡　직업 윤리나 직업과 관련한 이야기로 자신의 생각을 표현하며 직업을 간접 체험해요.

NCS
(국가직무능력표준)

국가직무능력표준(NCS, National Competency Standards)이란 국가가 현장에서 직무를 수행하는 데 필요한 지식, 기술, 태도 등을 산업별, 수준별로 표준화한 것을 말한다. 대분류 24개, 중분류 79개, 소분류 253개, 세분류 1,001개로 표준화되었으며 계속 계발 중이므로 더 추가될 예정이다.

국가직무능력표준(NCS)에 따른 24개 분야의 직업군

01 사업 관리

02 경영·회계 사무

03 금융·보험

04 교육·자연 사회 과학

05 법률·경찰 소방·교도·국방

06 보건·의료

07 사회 복지·종교

08 문화·예술 디자인·방송

09 운전·운송

10 영업·판매

11 경비·청소

12 이용·숙박·여행 오락·스포츠

13 음식 서비스

14 건설

15 기계

16 재료

17 화학

18 섬유·의류

19 전기·전자

20 정보 통신

21 식품 가공

22 인쇄·목재 가구·공예

23 환경·에너지·안전

24 농림·어업

등장인물의 특징 알아보기

《job? 나는 유튜브 크리에이터가 될 거야!》에는 양수니, 최시오, 무비왕, 수니 엄마, 시오 엄마 등이 등장한다. 각 인물을 떠올리며 빈칸을 채워 보자.

인물	특징
양수니	새로 전학 온 소심한 성격의 초등학교 6학년 여자아이다. _____에 뛰어난 재능이 있다. 같은 반 친구 시오의 도움으로 인형 리페인팅 영상을 찍으며 유튜브에 관해 알게 되고, 유튜브 크리에이터라는 꿈을 갖는다.
최시오	아이디어 내는 것을 좋아하고, 컴퓨터를 잘 다루는 초등학교 6학년 남자아이다. 수니의 특별한 재능을 알아보고 유튜브 채널을 기획한다. 수니와 함께 유튜브에 대해 배우며 _____가 되는 꿈을 키운다.
무비왕	수니와 같은 날, 같은 동네로 이사 온 _____다. 유튜브에서 꽤 유명한 영화 채널을 운영하고 있다. 수니와 시오에게 크리에이터에 관해 친절하게 알려주고 슬럼프를 잘 극복하도록 도와준다.
수니 엄마	수니와는 다르게 적극적인 성격이다. 드라마 마니아이며, 뛰어난 음식 솜씨를 자랑한다. 처음에는 수니가 인형 갖고 노는 것을 못마땅하게 여기지만 유튜브를 통해 수니의 재능을 보고 수니의 꿈을 응원한다.
시오 엄마	활기찬 시오와는 달리 내성적이고 소극적인 성격이다. 수니 엄마의 제안으로 _____에 도전한다. 시오에게 영상 편집하는 법을 배워 숨겨진 재능을 발견한다.

궁금해요, 유튜브

유튜브는 사용자가 자유롭게 동영상을 업로드하고 시청하며 공유할 수 있도록 하는 동영상 공유 사이트다. 유튜브에 대해서 바르게 설명한 것을 찾아보자. (정답은 네 개)

1 우리나라는 2008년부터 유튜브 동영상 서비스를 시작했다.

2 당신을 뜻하는 You와 텔레비전을 뜻하는 Tube의 합성어다.

3 모두가 쉽게 동영상을 공유할 수 있지만 연회비를 내야 하는 유료 사이트다.

4 2005년 미국에서 3명이 공동으로 유튜브 사를 설립하였다.

5 동영상 형태로 된 파일은 업로드할 수 있지만 단순 음성 파일은 업로드할 수 없다.

6 동영상을 제작한 사람과 그의 친구로 등록된 사람만 동영상을 볼 수 있다.

유튜브 크리에이터에 대해 알아보자

요즘 초등학생에게 가장 인기가 많은 직업 중의 하나가 유튜브 크리에이터다. 유튜브 크리에이터에
대해 바르게 말한 친구는 누구일까? (정답은 네 개)

민진

유튜브 영상을 만드는
제작자를 의미하고
유튜버라고 불러.

수호

시간과 공간의 제약 없이
자유롭게 일할 수 있어.

경아

독창적이고 차별화된
콘텐츠를 연구해야 해.

노을

조회수 높이는
방법을 연구해야 해.
영상 내용은 크게
신경 쓰지 않아도 괜찮아.

원태

나이, 성별과 관계없이
누구나 시작할 수 있어.

유튜브 크리에이터는 무슨 일을 할까?

유튜브에 자신이 제작한 영상을 지속적으로 업로드하여 수익을 창출하는 유튜브 크리에이터가 하는 일을 알아보고 단어를 완성해 보자.

1 항상 새로운 영상 콘텐츠를 고민하고 제작하는 것이 주된 업무다.
⇨ 맞으면 '크'를 쓰자.

2 어떤 콘셉트로 영상 내용을 다룰 것인지 기획하고 촬영한다.
⇨ 맞으면 '리'를 쓰자.

3 자막이나 이미지를 넣고, 영상을 반복하거나 잘라내는 편집을 한다.
⇨ 맞으면 '에'를 쓰자.

4 기획 의도에 맞는 내용을 잘 전달하도록 대본을 작성한다.
⇨ 맞으면 '이'를 쓰자.

5 광고주를 찾아가 광고를 섭외하고 광고 모델을 한다.
⇨ 맞으면 '유'를 쓰자.

6 댓글을 남긴 사람들과 소통하고 구독자를 관리한다.
⇨ 맞으면 '터'를 쓰자.

완성한 단어:

유튜브 크리에이터에게 필요한 능력은?

유튜브 크리에이티는 양질의 콘텐츠를 만들어야 한다. 그러기 위해서 갖추어야 할 자질과 능력은 무엇인지 생각해 보고 〈보기〉에서 알맞은 말을 골라 빈칸을 채워 보자.

독창적이고 차별화된 콘텐츠를 만들 수 있는
❶ _____ 능력

영상을 효과적이고 매력적으로 보여줄 수 있는
❷ _____ 기술

전문성 있는 영상 콘텐츠를
❸ _____ 할 수 있는 능력과 기술

시청자가 공감할 수 있게 말하는
❹ _____ 능력

최근 이슈와 트렌드를 파악하는
❺ _____ 에 대한 이해

보기

크리에이팅, 마케팅, 표현, 제작, 편집

콘텐츠 기획 전문가에 대해 알아보자

콘텐츠 기획 전문가는 실제 촬영과 녹음을 하기 전에 미리 기획하고 준비하는 일을 한다. 어떤 것을 미리 정하고 계획해야 하는지 알아보자. (정답은 여섯 개)

1 어떤 분야를 다룰까?

2 닉네임을 무엇으로 할까?

3 어떤 콘셉트로 할까?

4 영상의 길이는 어느 정도로 할까?

5 광고비를 받으면 어디에 쓸까?

6 어떤 연령층을 타깃으로 할까?

7 업로드 일정은 어떻게 할까?

제작 크리에이터에 대해 알아보자

1인 미디어 콘텐츠는 기획부터 제작, 관리까지 혼자 하는 것이지만 채널의 규모가 커지면서 일이 세분화되고 스텝이 함께 참여하고 있다. 제작에 참여하는 스텝을 제작 크리에이터라고 하는데 그들이 하는 일을 찾아 선으로 이어 보자.

편집자

알맞은 구도를 정하고 조명을 조절하여 영상을 촬영한다.

작가

제작의 전체적인 것을 총괄하고 컨트롤한다.

촬영자

기획 의도에 맞게 내용을 구상하고 대본을 작성한다.

연출자

영상의 분량을 조절하고 자막이나 배경음악을 넣는다.

영상 편집 전문가에 대해 알아보자

영상 편집 전문가에 관한 OX 퀴즈를 풀고 정답에 해당하는 색깔로 그림을 색칠한 후 어떤 그림이 나오는지 확인해 보자.

하는 일, 필요한 능력	O	X
1 영상의 흐름에 따라 불필요하거나 실수한 부분 등을 잘라낸다.	노란색	파란색
2 섬네일을 제작하기 위해 포토샵과 일러스트를 다룰 줄 알아야 한다.	분홍색	하늘색
3 긴 영상일수록 조회수가 많이 올라가므로 길게 편집한다.	남색	초록색
4 자막, 배경 음악을 넣어 영상의 특징을 살리고 재미를 더한다.	주황색	보라색

요리조리 미로 탈출

SNS 마케팅 전문가가 하는 일과 갖추어야 할 자질과 능력에 관한 문제를 풀고 정답을 따라 미로를
빠져나가 보자.

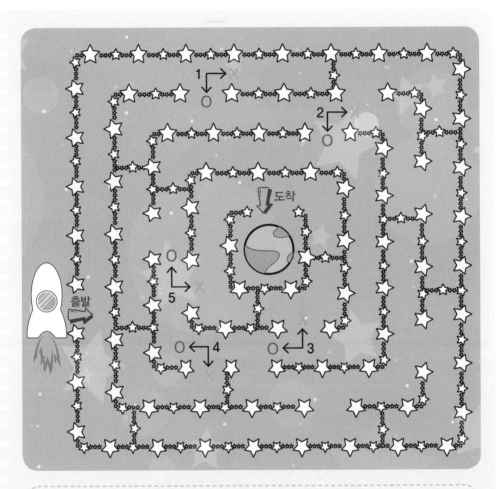

1. 상품의 시장성, 소비자의 취향 등을 조사하여 효율적인 판매전략을 계획해. ○ ✕
2. 광고할 상품을 만드는 회사의 홍보팀과 광고 전략을 협의해. ○ ✕
3. 창의적인 생각과 분석적인 사고가 필요해. ○ ✕
4. 시장의 미래와 소비자의 행동을 예측하는 통찰력과 판단력이 필요해. ○ ✕
5. 영상에서 불필요한 부분을 잘라내고 자막을 처리해. ○ ✕

관련 직업 알아보기

유튜브 동영상을 만들다 보면 다양한 분야의 직업을 체험할 수 있다. 관련 직업은 무엇이 있는지 사다리를 타고 내려가 보자.

1 영상을 홍보해 본 경험은 시청자가 좋아하는 콘셉트가 무엇인지 감지하는 능력을 키워 줘.

2 영상을 진행해 본 경험은 표현 능력과 자연스러운 진행 실력을 길러 줘.

3 영상을 촬영해 본 경험은 영상의 구도를 잡고 연출을 하는 데 도움을 줘.

4 영상 내용을 구상하고 대본을 써 본 경험은 상상력과 어휘력을 키워 줘.

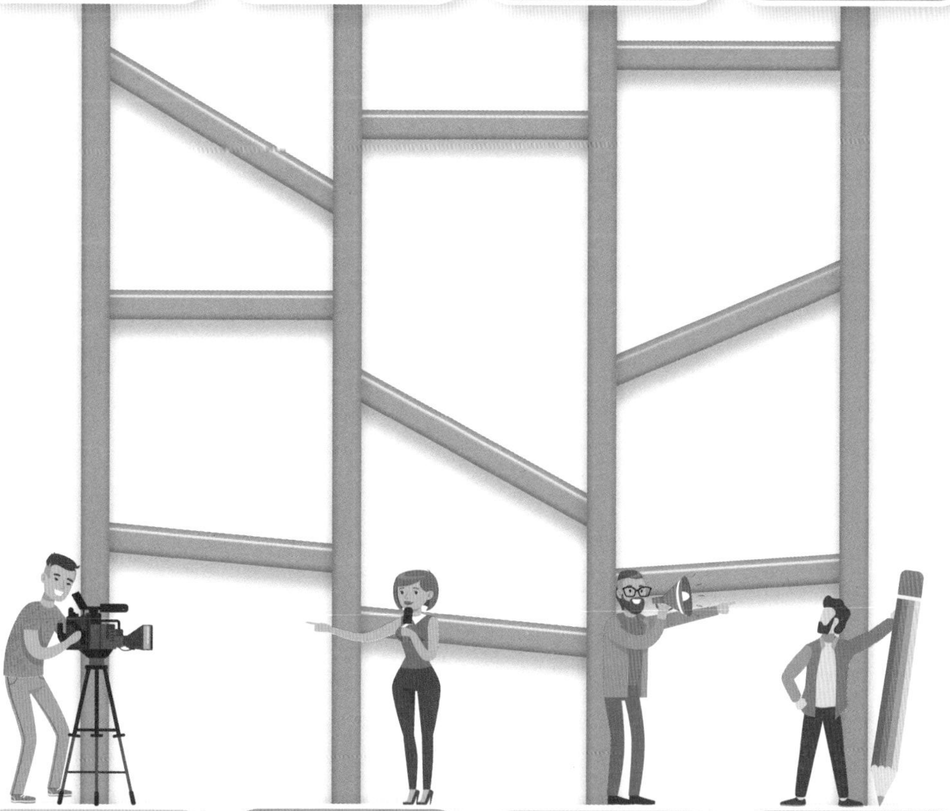

- 영화감독, 조명감독, 카메라감독, PD, 컴퓨터 그래픽 전문가
- MC, 리포터, 아나운서, 쇼호스트, 예능인
- 광고 기획자, 마케팅 전문가, 광고 디자이너, 광고 제작자
- 방송 작가, 라디오 작가, 시나리오 작가, 소설가

1인 콘텐츠 제작 과정

1인 콘텐츠가 만들어지는 과정을 알아보고 〈보기〉에서 알맞은 단어를 찾아 빈칸을 채워 보자.

1

자신이 좋아하고, 잘하고, 관심 있는 분야 중에서 다른 사람도 관심을 보일 만한 아이디어를 생각한다. 콘셉트, 닉네임, 채널명 등을 정한다.

2

카메라, 삼각대, 컴퓨터, 마이크 등 필요한 장비를 갖춘다. 처음부터 많은 장비를 준비할 필요는 없다. 초보자는 스마트폰 하나만으로도 가능하다.

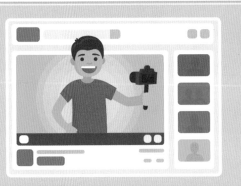

3

카메라는 해상도와 프레임 수를 설정하고, 스마트폰은 재미있는 필터나 특수효과가 있는 앱을 까는 것이 좋다. 수평을 맞추고 안정적인 구도로 찍는다.

④

컴퓨터로 할 때는 원본 동영상 불러오기→ 동영상 다듬기→효과 적용하기→소리, 자막, 이미지 넣기→저장하기 순서로 하면 된다. 스마트폰으로 할 때는 키네마스터와 같은 앱을 사용하면 간편하다.

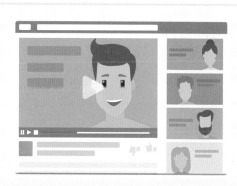

⑤

영상이 마무리되며 파일 올리기를 한다. 날짜를 정해서 정기적으로 올리고, 맞춤 미리보기 이미지를 만든 후 제목과 태그를 잘 설정해서 올리는 것이 좋다.

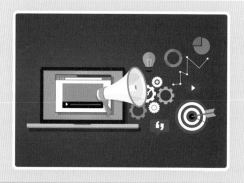

⑥

친구들에게 채널을 소개하면서 구독을 요청하고, 다른 사람의 영상에 칭찬 댓글을 달면서 자신의 채널로 초대하는 등의 홍보를 진행한다.

보기

준비, 편집, 마케팅, 업로드, 기획, 촬영

유튜브 채널을 찾아라

유튜브에는 수많은 크리에이터의 수만큼이나 다양한 콘텐츠가 있다. 어떤 분야의 채널이 있는지 알아보고 〈보기〉에서 알맞은 단어를 찾아 빈칸을 채워 보자.

1

게임을 하면서 시청자와의 소통을 통해 호응을 이끌어 내거나, 다양한 종류의 게임을 마스터한 모습 등 게임을 즐기는 모습을 담았다. 시청자에게 게임하는 방법을 가르쳐 주기도 한다.

2

음식을 맛있게 먹는 모습, 소리 등을 담았다. 한꺼번에 많은 양을 먹거나, 빨리 먹거나, 특이한 방법으로 먹는 등 놀라운 영상이 많다. 맛집을 소개하는 영상, 레시피를 소개하는 영상도 있다.

3

힙합, 재즈, 동요, 가요, CCM 등 여러 장르의 음악과 댄스뿐만 아니라 기타, 바이올린, 피아노 등 악기를 연주하는 영상 등이 있다. 유명 가수의 댄스나 노래를 따라 한 영상도 많다.

4

메이크업하는 방법, 화장품 고르는 법, 다양한 헤어스타일 연출하는 법 등을 담았다. 커버&특수 메이크업, 아이돌 메이크업, 전후 비교 메이크업 등 다양한 주제를 선보인다.

5

장난감 리뷰 영상, 만들기, 교육, 현장 체험 등을 소개한다. 어린아이나 초등학생이 직접 크리에이터로서 방송을 진행하는 채널도 있다.

6

해외와 국내의 유명 여행지를 소개하고, 가는 방법, 주의해야 할 점, 맛집 등 여행할 때 꼭 필요한 정보를 담았다. 사람들에게 잘 알려지지 않은 숨겨진 보물 같은 여행지를 소개하기도 한다.

보기

여행, 먹방, 뷰티, 키즈, 게임, 음악&댄스

나에게 맞는 영상을 찾아보자

유튜브 채널에 활용되는 콘텐츠 종류는 크게 브이로그형, 교육형, 리뷰형, 재능형으로 나눌 수 있다. 이 중에서 나와 잘 맞는 영상 종류는 어떤 것인지 선으로 이어 보자.

나의 전문적인 지식을 쉽고 재미있게 알려주고 싶어. 여러 사람들과 함께 지식을 공유한다고 생각하니 설레.	내가 먹는 것, 여행한 곳, 나에게 있었던 에피소드 등 나의 일상을 재미있게 찍고 싶어.	내가 만든 작품을 보고 사람들이 신기해하는 것을 보면 기분이 좋아. 많은 사람에게 특별한 볼거리를 제공하고 싶어.	나는 제품을 사용한 후에 후기를 작성하는 게 취미야. 내 후기가 제품을 구매하는 데 도움이 되면 좋겠어.

브이로그형　　교육형　　리뷰형　　재능형

다른 그림 찾기

다음은 여행지를 소개한 영상을 나타낸 그림이다. 두 그림을 비교해 보고 서로 다른 곳을 찾아보자. (다른 곳은 여섯 군데)

나도 유튜브 크리에이터가 될 수 있을까?

나는 유튜브 크리에이터로 일할 소질과 적성이 있을까? 아래 질문에 답하며 나의 소질과 적성을 확인한 후 내가 크리에이터로 일할 수 있을지 알아보자.

그렇다-5점, 보통이다-3점, 아니다-1점

1. 새로운 아이디어를 짜고 기획하는 것을 좋아한다. ( )

2. 힘든 일이 있어도 꾸준히 끈기 있게 할 수 있다. ( )

3. 친구들과 협동해서 같이 일하는 것을 좋아한다. ( )

4. 말을 재미있고 조리 있게 잘한다. ( )

5. 다른 사람과 다른 특이한 취미를 갖고 있다. ( )

6. 분위기에 맞는 음악을 고르는 능력이 뛰어나다. ( )

7. 친구들이 무엇에 관심 있어 하는지 잘 살핀다. ( )

8. 사진과 영상을 즐겨 찍는다. ( )

9. 밤새도록 해도 지치지 않는 열정이 있다. ( )

10. 순발력과 센스가 있다. ( )

합계: ( )

40점 이상	크리에이터로 일하는 것이 적성에 딱 맞아.
25점 이상	크리에이터로 일할 충분한 자질이 있어.
15점 이상	크리에이터로 일하고 싶은 꿈이 있다면 조금 더 노력해 보렴.
14점 이하	지금은 크리에이터로 일할 소질이나 적성이 부족해. 흥미로운 다른 직업을 찾아보렴.

유튜브 크레에이터가 가져야 할 마음가짐

유튜브 크리에이터에게 필요한 마음가짐과 자세를 알아보고 바르게 제시한 것에 해당하는 카메라 그림을 예쁘게 색칠해 보자. 그리고 카메라 빈칸에 자신이 생각한 마음가짐을 적어 보자. (정답은 여섯 개)

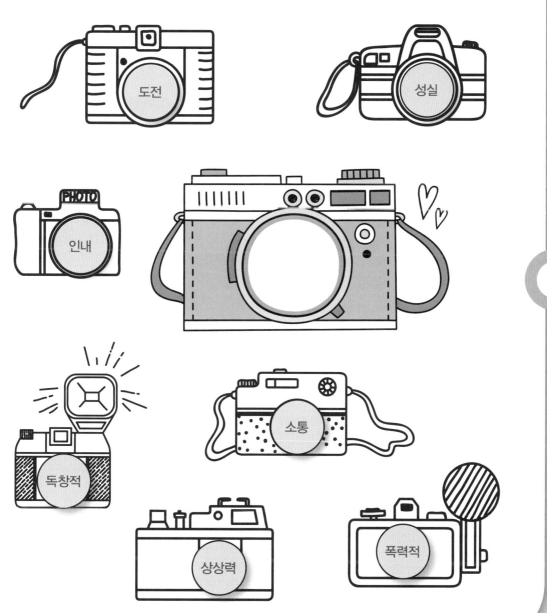

찬성 VS 반대

한번에 많은 양의 음식을 먹거나, 제대로 삼키지도 않은 채 빨리 먹거나, 지나치게 매운 음식을 먹거나 하는 등의 먹방이 있다. 이렇게 건강을 해치는 영상을 찍는 것에 대해 어떻게 생각하는지 자신의 의견을 이야기해 보자.

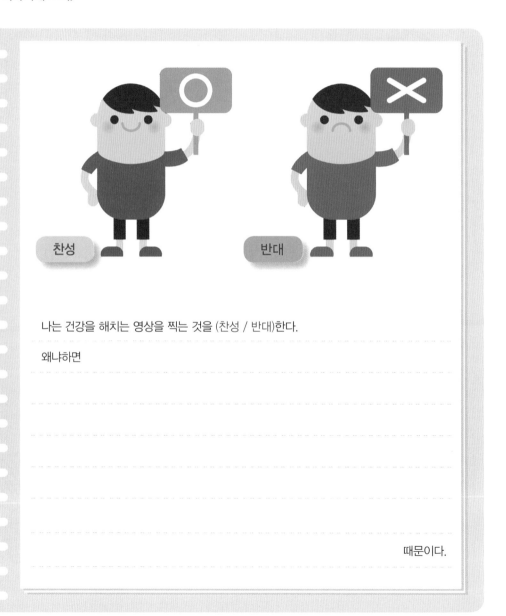

찬성

반대

나는 건강을 해치는 영상을 찍는 것을 (찬성 / 반대)한다.

왜냐하면

때문이다.

내가 유튜브 크리에이터라면?

자신이 유튜브 크리에이터라면 어떤 콘텐츠의 영상을 어떻게 만들 것인지 기획해 보자.

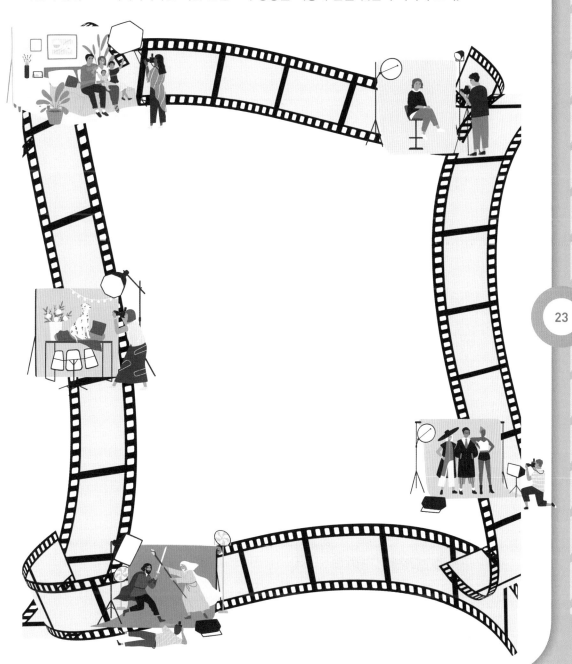

4. 인형 리페인팅, 콘텐츠 기획 전문가, 유튜브 크리에이터, 제작 크리에이터

5. ①, ②, ④, ⑤

6. 민진, 수호, 경아, 원태

7. 크리에이터

8. ① 크리에이팅 ② 편집 ③ 제작 ④ 표현 ⑤ 마케팅

9. ①, ②, ③, ④, ⑥, ⑦

10.

11. ○, ○, ×, ○

12. ○, ○, ○, ○, ×

13. ① 광고 기획자, 마케팅 전문가, 광고 디자이너, 광고 제작자

② MC, 리포터, 아나운서, 쇼호스트, 예능인

③ 영화감독, 조명감독, 카메라감독, PD, 컴퓨터 그래픽 전문가

④ 방송 작가, 라디오 작가, 시나리오 작가, 소설가

14–15. ① 기획 ② 준비 ③ 촬영 ④ 편집 ⑤ 업로드 ⑥ 마케팅

16–17. ① 게임 ② 먹방 ③ 음악&댄스 ④ 뷰티 ⑤ 키즈 ⑥ 여행

18.

19.

21. 도전, 성실, 인내, 독창적, 소통, 상상력